優渥叢書

優渥叢書

優渥叢書

啤酒、性愛

The Good Vices

搖滾樂

美國醫學博士
教你17個有益身心的壞習慣

哈里．奧夫剛醫師（Dr. Harry Ofgang）、艾瑞克．奧夫剛（Erik Ofgang）◎著　謝孟庭◎譯

CONTENTS

CONTENTS

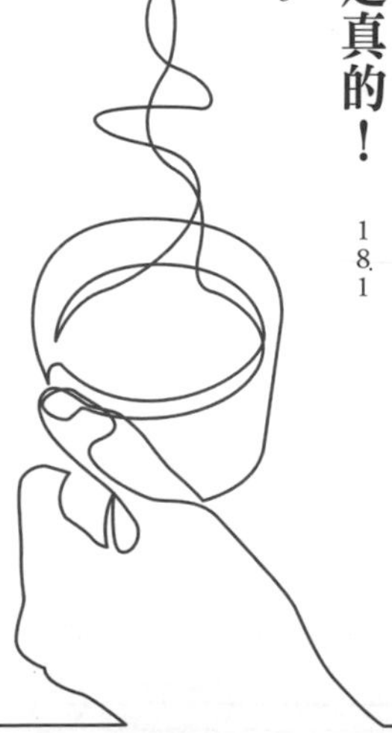

CONTENTS

前言

權威醫生顛覆你所認知的17個健康知識

醫學的奧義在於安撫患者情緒，同時讓大自然治癒疾病。

——伏爾泰（Voltaire）

醫生的工作其實很簡單。順勢醫學（homeopathic medicine）的創始者，也是德國醫界先驅的塞繆爾・哈內曼（Samuel Hahnemann）在二百多年前就曾說：「醫生只有一個崇高的目標，那就是讓患者恢復健康，這個過程稱作治癒。」

與順勢醫學有異曲同共工之妙的自然醫學，其效用就像點燃一條引線，能觸發或強化體內的防禦機制或生命力。人生最重要的是健康，第二、第三重要的也是健康，這包含了生理、情緒與心理健康。

不過，什麼是健康？幾年前，在希臘愛琴海一帶美麗的阿洛尼索斯島上，我們的好朋友，也是舉世聞名的作家兼順勢醫學療法導師喬治・維特卡斯（George Vithoulkas）

一語道破：**健康就是自由**。

生理健康是指，不受病症束縛的自由。情緒健康是指能夠體會悲傷、快樂等各種情緒的自由，但又不被任何負面情緒綁架、久久無法自拔。舉例來說，和情人分手或喪失至親之後覺得哀傷難過，這種情緒再正常不過，但若深陷在負面情緒久久走不出來，這並不健康。最後，心理健康是指能恣意思考、能盡情發揮創意的自由。

擁有了生理、情緒和心理健康，我們還要有足夠的力氣盡情享受人生，重點在於「享受」這兩個字，其中包含享受一些壞習慣（good vices）。但往往我們談到打造健康生活這個話題時，此部分常常被忽略。

生病一定得吃藥嗎？

有天如果醫生告訴你：「別再每天吃藥了，也不用這麼快就回診檢查。」你可能會困惑不已。如果醫生接著跟你說：「吃點巧克力和富含脂肪的食物、享受一杯啤酒或葡萄酒，甚至盡情喝咖啡，這些都沒有關係。」你大概會覺得這位醫生看診看到腦袋壞了。但是這位醫生給予病患的建議，的確是根據最新公佈的科學事實（雖然很少醫療專業人員會這麼做）。

對這個事實感到震驚嗎？但必須誠實告訴你的是，我們現今獲得的健康養生有關建議，多半是錯誤資訊或過時的知識，而非最新的研究成果。太多資訊告訴我們，如果想獲得健康，就得花大半輩子看醫生、做檢查、不斷服用麻醉強度高的藥物、採取激進的低碳水飲食、喝看起來像巫婆毒藥的營養液，還要以奧運選手的訓練強度、無比興奮的程度來健身運動。

健康資訊還告誡我們，一定要對吃下肚的食物有全盤了解，不斷自問還有哪些醫學檢查沒做或哪些藥物沒吃。無論如何，我們一定要抱持戒慎恐懼的態度。但是這些擔心疑慮，卻對財務、情緒和身體造成不小負擔。

醫學的目標應該是提升生活的質和量，換句話說，關鍵是今天看完醫生後你能不能活得更久、生活品質更好？傳統醫學常告訴我們，如果不服用某某藥物、採取某某療程或進行某某檢測，就可能會有何下場，藉此讓我們感到害怕。但或許醫療人員也應該警告我們，這些通常**沒必要又非天然的藥物和療程，對身體有什麼可怕的潛在風險？**

著名的阿根廷醫生、教授兼作家弗朗西斯科・誒斯亞伽醫生（Francisco Eizayaga）是我們的老朋友和人生導師，他常說：「好的醫生從來不追求錢財，倒是錢財可能會緊跟在好醫生後頭。」儘管如此，美國每年的醫療支出超過三兆美元，換算成人均醫療支出，約為一萬美元。約翰・霍普金斯醫院（Johns Hopkins Medicine）一項研究估計，醫療疏失或不當的醫療行為，每年在美國造成超過二十五萬人喪命，是緊跟在癌症和心臟病之後的全國第三大死因。

如果研究估計準確，就表示在看醫生、跑醫院，以及遵循所有健康養生建議之下，每年奪走的人命，可能比遭槍殺或車禍身亡的人數還要多。

不妨先仔細想想這件事，自一九九〇年代中期開始，如果看診時對醫生抱怨痛苦難耐，醫生是否常開給你麻醉性止痛藥？事實上，這類止痛藥藥效非常強，過去只限開立給臨終病患在院內使用，但如今病患若表示吃藥無法抑制疼痛，醫生甚至會提高止痛藥劑量。

在製藥業大力鼓勵下，提高劑量的作法，造成鴉片類藥物（編按：Opioid是具有嗎啡作用的化學物質，主要用途是止痛，通過存在於中樞神經系統和消化系統的鴉片類受體起作用）使用過量，釀成藥物成癮問題，每年奪去上萬條人命。處方止痛藥使用不當，也引發全國海洛因濫用危機，一項估計顯示，每五名海洛因使用者中，就有四名是因為濫用鴉片類藥物，而開始使用海洛因。

鴉片類藥物也許搶下最多媒體版面，但絕不是現今醫療界唯一的問題。例如，《美國醫學會雜誌》（*JAMA*）指出，目前超過三分之一美國人常服用的處方箋中，其中至少含一種會引起憂鬱的副作用。這些常服用的處方箋有許多主要用來治療憂鬱症，卻將自殺傾向列為副作用，實在非常矛盾。

儘管如此，製藥業仍是價值數十億美元的龐大產業，對美國食品藥物管理局影響極大。在過去，某個人如果身體不舒服，通常會就醫看診，由醫生想辦法找出問題所在，並幫助病患恢復健康。但現在電視台黃金時段中，一則又一則強力播送的廣告，卻反向教我們向醫生指名開立特定藥物。我們的目的不是詆毀傳統藥物，傳統西醫自然有其拯救生命的重要價值，我們只是提倡醫療人員在以傳統西醫原則診治時，應該更為客觀、思考更有邏輯。

專業人士建議的「良藥」

不過別沮喪得太早，**保持健康其實比你想得更簡單，不必過度煩惱、無需花大把鈔票，也能樂在其中**。在本書中的父子檔作者——父親為累積近四十年經驗的自然療法權威醫師哈里・奧夫剛，和擔任飲食與保健記者的兒子艾瑞克・奧夫剛——希望能開創新局，帶領讀者探索健康養生書籍從未著墨的領域。破除世代以來的迷思與偏見，同時深入討論生活中一些讓人感到罪惡卻欲罷不能的享受，證明這些罪惡享受其實無害，甚至有助促進健康。

坊間的健康養生書籍大多告誡讀者「不該做哪些事」，但本書要告訴你「該做哪些事」，會讓生活健康又快樂。有「醫學之父」之稱的古希臘醫師希波克拉底（Hippocrates）曾說過一句流傳千古的話：「讓食物成為你的良藥。」然而，現代醫學認為最好的處方，往往卻是讓病患提心吊膽以及開立過量藥物。

本書也相信好友、家人、食物、大自然和快樂才是良藥。建議各位提醒自己的醫生「希波克拉底誓詞」的內容：「我會盡我所能，並依專業判斷選擇有利病患的飲食規劃，而且不讓病患受到傷害或不公平的待遇。」

在近四十年的行醫生涯中，奧夫剛醫生一直提倡以更回歸自然的方式為病患治療。他繼承爺爺的名字，而他的爺爺在二十世紀初紐約的布魯克林區，享有社區治癒者的名譽。雖然許多傳統西醫派（主張對抗療法）的醫生認為，天然醫學是一種「惡」，但在多數情況下，只要運用得當，自然醫學療法其實是更好的選擇。盡可能採用安全、溫和又天然的療法，把破壞力較強的大砲（藥物和侵入性治療）留到真正需要的時候，這樣不是很好嗎？

在他的職涯期間，奧夫剛醫生分析門診患者的共通點，他注意到那些最年長又最活躍的患者，多半會將幾個所謂的「壞習慣」融入日常作息中，例如：定期適量飲用啤酒、葡萄酒、咖啡，攝取奶油、起司、酸黃瓜、醃漬蔬菜和其他好吃的天然食物，都是他們每日例行清單上的重要事項。

他也注意到，如果能經常享受這些食物、做點耍廢的事，同時進行有益健康又有趣的活動，例如：到戶外散步、享受朋友家人的陪伴、開懷大笑、聽好音樂等等，通常有助於提升患者的整體健康。簡而言之，和服用處方藥毫無關係的各類活動，加上一些實際上有益健康的壞習慣，似乎能讓病患不只活得更快樂，也活得更健康。

學義大利人享受「甜美的生活」

近幾年來，哈佛、耶魯大學等知名機構從事的主流醫學研究中，一再顯示過去被警告應避免的許多食物和生活習慣，其實可能對人體無害，在酌量攝取或適度進行的前提下，甚至可能有益健康。

其中一個壞習慣是喝咖啡，研究顯示咖啡能降低罹患第二型糖尿病的風險，也可能有助預防阿茲海默症和失智症。榜上有名的食物還有巧克力和全脂生乳起司，生活習慣方面則包含多睡一點和時常大笑等等，還有許多讓人難以置信的事：少看醫生、少吃藥、避免做醫師指示卻通常沒必要的療程。

奧夫剛醫生發現這些研究結果與自己的觀察相符，便建議幾位病患，不妨繼續享受過去被認為有害健康的一些食物和生活習慣。**這本書的核心理念為，有些被普遍認為有害健康的食物和不好的生活方式，其實是有益身心的懷習慣。**

奧夫剛醫生是在義大利讀醫科的時候，開始體會這些壞習慣的美好。在義大利，他慢慢學會欣賞當地人所謂「甜美的生活」，這樣的生活包括在適度、很少過量的前提下，享受美食，品味咖啡、美酒，以及擁有家人與朋友的陪伴。他也把自己對這種生活的喜愛帶回美國，因此家中常常能看到自釀的啤酒、自家研磨的全穀類、手工義大利麵、新鮮出爐的麵包、自家烘焙的咖啡，和各種天然草藥。

艾瑞克因為在這樣的環境下長大，也樂於奉行這些理念，後來成為飲食和健康生活的記者兼大學教授，以及美食評論家及健康與科學作家，在出版的著作中，就有一本專門探討啤酒和其他特調飲料。

起初作者們只是以輕鬆閒聊的方式討論各種壞習慣，純粹因為他們都很喜歡這些事物，也認為健康生活似乎能和快樂生活畫上等號。非常有意思的是，原本只是覺得有趣，而一起合作寫篇短文，結果最後變成長篇幅的著作。閱讀本書後很驚訝地發現，許多過去以為不好的行為，其實有益身體健康。畢竟誰能料到在土堆中玩耍，讓自己暴露在特定細菌環境中，原來好處多多呢？

接下來，我們會帶各位一覽許多壞習慣，也會提出支持這些潛在健康效益的研究文獻，並分享作者們的個人觀察。你可以一口氣從頭讀到尾，也可以從你最有興趣的主題開始。在閱讀過程中，你會不斷看到「適度」或「適量」這些字眼，這個前提非常重要，因為**這些壞習慣要能發揮最佳功效，箇中秘密就在於適度享受。**例如，適量飲用啤酒也許有益健康，但飲酒過量絕對沒好處。

當然，如果你沒有沉浸於某個罪惡享受的習慣，別基於追求健康的理由貿然開始，這不是這本書的重點。因為我們不全然了解某些壞習慣為什麼對健康有益，部分原因可能是享受壞習慣之後產生的快樂感，讓我們更健康。

醫學上的謊言

在深入討論這些壞習慣的過程中，本書會特別點出統計數據和研究結果可能如何被利用，反而成為行銷和宣傳工具，而失去教育和闡明事實的功能。

醫學數據通常以相對統計資料呈現，以比較兩組之間發生某件事的相對機率。相對統計數據和絕對統計數據常被搞混，後者指的是某件事發生的整體機率。如果只透過相對統計數據看一種療法的功效，可能會把實際療效放大數倍。

舉一個相對統計的實際例子來說，許多資料常指出例行性乳房X光檢查，能降低女性死亡機率百分之二十。乍看之下做檢查的效果很好，但是這百分之二十指的是相對風險，而非絕對風險。定期做乳房X光篩檢和無定期篩檢的女性之間，絕對風險值的差異其實小很多。權威醫學期刊《刺胳針》（*The Lancet*）刊登的一項著名研究發現，有做乳房X光檢查的十二萬九千七百五十名女性中，在後續十五年內有五百一十一名死於乳癌，死亡率為百分之零點四。

另一組沒有做篩檢的十一萬七千兩百六十名女性中，同樣期間內有五百八十四名因乳癌死亡，死亡率為百分之零點五。兩組之間百分之零點一的差距，就是前述那個過去人們常聽到的百分之二十差異。當然這百分之零點一的差異也算是些微進步，但絕對沒有像資料提到能降低死亡率百分之二十那麼厲害。如同馬克・吐溫曾說的：「謊言有三種：謊言、該死的謊言，還有統計數據。」

此外，這些經美化粉飾的數據可能還不準確。一項由紐約的貝斯以色列醫學中心（Beth Israel Medical Center）進行的研究指出，由藥廠贊助的藥物研究，比起由競爭對手贊助或沒有製藥業贊助的研究，得出正向支持結果的比例高出許多。如果藥廠贊助有關自家藥品的研究，結果顯示支持的比例為百分之七十八；由競爭藥廠贊助的研究中，支持結果的比例只有百分之二十八；沒有任何業界贊助的研究得出支持結果的比例為百分之四十八。

醫療業界的利益衝突現象非常普遍，在美國國家衛生研究院贊助下，一份美國國家科學院二〇〇九年的報告指出：

- 製藥公司常送禮給醫生。
- 製藥和醫療器材公司的業務，常拜訪醫生並提供藥品樣本。
- 製藥業提供許多教職員研究經費，是美國多數生物醫學研究的經費來源。

- 許多醫院教職員和社區醫生提供科學、行銷與其他顧問服務給私人企業。其中有些人，甚至在公司董事會或產業講師團任職。
- 進修醫學教育認證學程的總經費中，商業來源佔了約一半。

這份報告的作者察覺到事態嚴重，寫了一份詳細的建議書，希望醫學研究中的利益衝突問題能受到規範，並呼籲擬訂更嚴謹、範圍更全面的揭露聲明書，以及規範醫師與製藥業之間的互動與金錢往來。

但十年之後，這項問題幾乎沒有任何改善。即使考科藍組織（Cochrane）等權威醫療審查機構，都曾質疑常見醫療程序、例行乳房X光檢查等所謂的「預防性措施」的效用和必要性。研究顯示，有磁振造影儀（MRI）設備的醫生，可能進行更多相關檢查，即便病患不需要也照做不誤。

另一項指標性研究發現，骨關節炎患者不管接受實際手術療程（膝關節鏡手術），或接受假手術（安慰劑療程），改善狀況其實一樣好。研究也顯示常見的處方藥，如抗生素、抗憂鬱劑以及抗焦慮藥物等，多半有處方開立不正確、沒有治療功效或過度開藥的情形。

另外，在已開發國家中，只有美國仍會在新生兒出生一小時內，開立抗生素眼藥水作為預防性治療。這項程序的目的，是預防帶有淋病和披衣菌感染等性病的母體造成嬰兒結膜炎。但如果母體在孕期篩檢時，並未檢出上述任何一種疾病，開眼藥水這項作法就有待商榷，加上許多抗生素對兩種疾病都沒有效用。眼藥水有時也會開立給經剖腹產的嬰兒，但罹患結膜炎的風險其實幾乎為零，在學理上只適用於自然產的嬰兒。

談到剖腹產，許多資料曾提到：「美國超過三分之一的產婦都是剖腹產。各州情況不同，數字介於百分之二十三到四十之間，幾乎是世界衛生組織建議值的三倍。」

以上這些說明了患者不只需要更加留意自己的病症，也要對醫療人員提出質疑、勤查資料做功課，因為整個醫療體系的問題並不小，從許多方面來看可說是弊端叢生。這麼說不是要打擊讀者，或是讓讀者開始懷疑所有研究和醫療專業人士，而是要鼓勵各位在面對醫療議題時適當存疑，這個原則對本書提供的所有資訊也適用。

請記得，雖然這本書是根據數十年經驗和當前最佳的研究著述，但用意絕不是提供醫療建議，讀者不應把內容視為醫療建議。這本書的目的，是在寓教於樂中鼓勵大家保持自在開放的心胸，以正向多元的角度思考。

健康養生書籍常概而論之，但健康的定義對於每個人都不同。醫療、飲食和運動規劃，都應該和相關醫療服務人員討論。此外，世界各地都持續進行各類新研究，我們對於哪些事物有益或有礙健康的認知也不斷改變。

快樂地活，健康地老

最後，雖然這本書歌頌這些壞習慣，卻不是要推崇盡情縱慾享樂。我們的目的不是鼓勵大家吃垃圾食物、抽菸然後變胖，而是希望大家能解開束縛、追隨真理，進而活得更健康、更快樂。

很可惜的是，不是所有邪惡享受都對我們有幫助。許多父母常說要避免不良嗜好，自有其道理和智慧。例如，抽菸真的對身體有害；少量的糖無傷大雅，但過度攝取糖果和甜食，不應該是日常生活的一部分。另外，我們很遺憾地宣佈，培根大概只能救贖你的靈魂，救不了你的健康。

不過，還有很多壞習慣其實一點都不算罪惡，因為只要遵循適度原則，這些小確幸都是身心能長期享受的美好事物。

奧夫剛醫生常和病患說，不管多忙、壓力多大，每天一定要有一件讓自己期待的事情，例如蹓狗散步、騎腳踏車兜風或游泳、美味的晚餐、玩一局大老二或二十一點、喝一杯單一純麥威士忌或冰啤酒等等。即便我們還沒領悟人生的意義，每天有一件事值得期待時，就能讓日子多一點意義。

已故的知名喜劇演員羅德尼・丹格非爾德（Rodney Dangerfield）年過七十時，在一場表演上告訴觀眾，他剛剛看完醫生，而醫生對他說：「如果他吃得健康、運動、多吸新鮮空氣，他會變老、生病、進棺材。」這句話再確切不過。

每個人都難逃一死，而且就目前來看，當時候到了，每個人都得離開人世。我們想做也能做的，是活得快樂健康、享受人生，並且盡自己所能，在有限的人生中，和他人分享健康和快樂。

如果能在世上活得好一點、活久一點，那是再好不過了。

寫這本書對作者們來說樂趣無窮，也希望本書能對讀者稍微有所幫助，不是要加諸更多限制，讓生活更死板沉悶，而是要幫助你創造更多彩、快意、充實的人生。

讓生活更順心、更有趣，當然還有更健康的好處有哪些？準備好了一起來探索吧！就像紐奧良人常說的：「盡情享受美好時光吧！」（*Laissez les bons temps rouler.*）

ABOUT LIQUOR

第1部

喝酒的壞習慣——能降低膽固醇、不失眠……

第1章

一天一啤酒，醫生遠離你！

他飲了啤酒，七杯下肚……變得歡快雀躍、紅光滿面。

——《吉爾伽美什史詩》（*The Epic of Gilgamesh*），西元前二千一百年適度飲用啤酒是一種健康地、開心地享受人生的方法。美國疾病管制中心（The Centers for Disease Control and Prevention）以及多數研究中，對適量飲酒的定義為男性一天大約一杯，女性一天最多一杯。一般來說，用在地栽培的有機啤酒花釀造、未經過濾的啤酒是上乘之選。研究表示，啤酒花化合物能減緩認知功能退化，降低罹患攝護腺與乳癌的機率。

有益健康的酵母、乳酸菌和啤酒花

該把一些事白紙黑字寫清楚了。

近四千年前，古巴比倫第六代國王漢摩拉比，指派官員開始匯整典章制度。西元前約一千七百五十四年，這部被刻在石碑上的典章制度，成為後世眾所皆知的《漢摩拉比法典》（*Code of Hammurabi*）。這部劃時代的法典，是世上最古老的成文法典，收錄了二百八十二條法律，範圍涵蓋人類社會的許多面向。而法典中所反映的「以牙還牙」司法精神，更與後來《聖經》的內容相呼應。

少有人知的是，法典中談到了一項歷史課不太會提及的東西：啤酒。其中有四條規範啤酒釀造與販售的條文，足見啤酒對當時社會的重要。這些法律條文刻在石碑上，至今已近四千年，但是啤酒的重要性卻絲毫不減。

喝啤酒是所有壞習慣中最有名氣的一個，也是許多人一天辛苦工作下來，最渴望的良伴。在此告訴各位一個好消息，熱愛啤酒並不會讓我們的健康之路走偏。根據研究，啤酒不只好喝，也對身體有益。事實上，適量飲用啤酒，似乎對身體健康非常有幫助。

哈佛大學公共衛生學院（Harvard School of Public Health）在一份探究酒精潛在健康效益的分析報告中指出：「超過一百篇前瞻性研究皆顯示，適量飲酒和發生心臟病、缺血性（栓塞引起）腦中風、周邊血管疾病、突發性心因性猝死以及心血管疾病死亡的風險呈現負相關，其降低幅度介於百分之二十五到四十之間。」（怕了吧，菠菜，不是只有你對身體好！）

不過，怎麼喝才算適量？下著大雨的一個午後，我們在康乃狄克州一間啤酒廠裡，一邊喝在地精釀啤酒，一邊思考這個問題。那天我們提早開始Happy Hour時段，喝的是酸啤酒。這種帶酸味的傳統啤酒有兩個主要原料：野生天然酵母和乳酸菌，而乳酸菌是用於製作優格的健康好菌。

美國疾病管制中心以及多數研究中，對適量飲酒的定義為：男性一天大約一杯，女性一天最多一杯。這一杯啤酒必須是在一天內分次喝完，也不能連續幾天不喝但在週末一次喝個爛醉。詳細的數據為，一杯等同於一般鋁罐的十二盎司（約三百五十五毫升）、酒精濃度百分之五的啤酒；或八盎司（約二百三十七毫升）、酒精濃度百分之七或以上的啤酒；或五盎司（約一百四十八毫升）紅酒；或是一・五盎司的SHOT杯（約四十四毫升）烈酒。

這麼一杯啤酒下肚，不足以讓你在深夜酒吧裡醉到失態，變成人們茶餘飯後的笑料，也不會讓啤酒狂熱分子覺得和戒酒沒兩樣。雖然另類的倒立喝啤酒或用啤酒漏斗灌酒，這些活動對健康無益，但下班後來一杯冰啤酒，或在啤酒廠、酒吧和家人朋友聊天，順便享受一、二品脫（約四百七十三至九百四十六毫升）的啤酒，並不會影響你過健康快樂的生活。

我們深信啤酒是值得渴望、值得好好品味和享受的飲料，不應像比賽中的賽車進維修站加油般，只想用最快的速度把油灌入。

那天下午喝的啤酒，在大型橡木桶內經過數月熟成，及野生酵母和乳酸菌巧手催化下，釀出酸韻十足的獨特啤酒。特殊的土壤味，以及宛如檸檬和香檳的清爽滋味，反覆刺激我們的味蕾。

一般來說，用在地栽培的有機啤酒花釀造、未經過濾的啤酒是上乘之選。研究表示，**啤酒花化合物能減緩認知功能退化，降低罹患攝護腺與乳癌的機率。**

然而，不是所有人都能冷靜接受一天一杯啤酒的建議。多年前，我們的哈內曼保健中心（Hahnemann University）有一名女性患者，病情在接受自然醫學療法後改善很多，於是強迫不太信任自然醫學的丈夫來看診。她的丈夫想驗證，是否真有研究顯示天然的東西能讓人變得更健康。我們對他說：「有，你每天如果能盡量喝一杯啤酒，應該會活得更健康、更快樂，還會更長壽。」

他問了一句：「什麼？」後就跑出診間。我們本來擔心剛才說的話激怒了他，但過一陣子後，他又回到診間對我說：「剛剛那句話也請跟我太太說一次好嗎？」

美國癌症協會（American Cancer Society）的一項研究從一九五九年開始，追蹤二十七萬五千名男性的健康狀況，研究人員在一九九〇年時，發現比起滴酒不沾的人，每天喝一到兩杯啤酒的人，因冠狀動脈心臟病和其他原因而死亡的比率，低了許多。（雖然許多研究都得出類似結果，但也有研究持相反論點，所以飲酒族群還是要留心。）

一言蔽之，適量還是關鍵。在古巴比倫時代，如果違反漢摩拉比訂定的啤酒法規（其中一條是不得敲顧客竹槓），刑罰是溺斃處死，有罪的一方會被丟到一大缸啤酒裡溺死。這種可怕的行刑方式也提醒我們，有時候好東西適可而止就好。美國癌症協會的研究也提出同樣建議：一天喝三杯啤酒以上的受試者，因冠狀動脈心臟病而死的機率雖然較低，但整體死亡率卻較高。

許多近期研究也有相似的發現。我們不妨設計一款喝酒遊戲來證明這件事，遊戲規則是：打開網頁搜尋「啤酒」，當每讀到一篇支持適量飲酒有益健康的研究，就小酌一口啤酒。這個遊戲唯一的問題就是：不到半小時，你喝下肚的啤酒，就已經超過適量的標準了！

科學佐證的啤酒好處——提升免疫力、降低膽固醇

一項二〇〇四年的研究中，調查了六千六百多名男性和八千多名女性，年齡介於二十五到九十八歲。研究發現一天平均喝一杯酒的人，佔有「最低的全死因死亡率」，比起一天喝兩杯以上，或完全不喝酒的人還要低。

此外，一篇刊登於《美國流行病學期刊》（*American Journal of Epidemiology*）的研究中，對象為四千兩百多名男性和一千七百多名女性，發現一週至少喝一杯酒者，有「認知功能低落」的可能性非常低。即便是一週喝大約三十杯啤酒者，也有助維持認知功能健全（不過到此飲酒量，其負面影響肯定已大於正面效益）。

另一項由哈佛陳曾熙公共衛生學院（T.H. Chan School of Public Health）進行的研究，調查了三萬八千多名中年美國男性，發現很少喝酒的受試者，如果增加飲酒量至每

天一至兩杯，能降低罹患第二型糖尿病的風險。我們還能再列舉更多研究，但你應該已經懂了：啤酒的健康效益在許多研究文獻中都獲得證實。

雖然很難相信啤酒和其他酒精飲料對健康有好處，但從生物學來看，這個論點其實站得住腳。適量飲酒能增加高密度脂蛋白膽固醇（案編：英文縮寫為HDL，俗稱「好的」膽固醇）的濃度，這種膽固醇有助預防心臟病。也許這能解釋酒精飲料為何有助減少血栓形成，避免動脈賭塞引起的中風。

除了各種酒類飲料對健康的潛在效益之外，**啤酒含有抗氧化物與抗癌物質，也有助提升免疫力，這些都是麥芽和啤酒花特有的健康效益**。奧勒岡州立大學（Oregon State University）的研究人員，曾研究啤酒花中的一種化合物，這種化合物是讓啤酒帶有苦味和濃烈香氣的關鍵，不僅具有抗癌功效，也經研究證實，能降低動物體內膽固醇和血糖濃度，有效幫助減重。此外，用於啤酒發酵過程的酵母，除了是將糖轉化為酒精的重要推手，也能促進免疫系統健康。

二〇一一年時，義大利研究與照護基金會分析了十萬人以上的數據，認為比起不喝酒的人，每天喝一品脫啤酒（約四百七十三毫升）者，罹患心臟病的風險降低了百分之三十一。

酒精阻礙葉酸吸收，飲用過量仍有礙健康

然而，不是所有和啤酒或其他酒類有關的健康新知都是好消息。活在人世間，當然免不了一些壞消息。過度飲酒有害健康，酒精成癮的風險也不容忽視，女性必須更小心酒精的潛在負面影響。有些研究指出，即便適量飲酒，也可能提高罹患乳癌的風險。

二〇一四年的一份報告中，回顧了多篇分析酒精飲料與乳癌關聯的流行病學與實驗性研究，指出女性每天多喝一杯酒飲，罹患乳癌的相對風險（兩組受試者之間的風險比較）便會上升，但絕對風險（一般大眾罹患特定疾病的整體風險）沒有相應增加。

啤酒及其他酒精飲料之所以對健康有負面影響，可能是因為酒精會阻礙人體吸收葉酸。葉酸是一種維生素B，有助合成DNA，而且對於細胞正確分裂，扮演著不可或缺的角色。多攝取富含維生素B的食物，例如黑豆、扁豆、菠菜、萵苣和蘆筍等深綠色蔬

菜，或是吃維生素B群補充錠，可提升葉酸攝取量，也許有助減輕酒精對於女性的一些負面影響。

一項針對八萬八千八百多名，每天喝一杯或一杯以上酒精飲料的女性研究顯示，其中葉酸濃度較高者，比起葉酸濃度最低者，罹患乳癌的機率降低了百分之九十。基於這項研究和其他文獻，有些專家認為每天攝取至少六百毫克的葉酸，能減輕喝酒對身體的部分負面作用。

我們並不是要提倡多喝酒，也絕不鼓勵飲酒過量。如同本書中其他的壞習慣，我們鼓勵讀者行中庸之道，適可而止並運用常識。雖然這麼說，仍有許多研究顯示，一天一杯酒可能真的對身體不錯。

當然也有持相反意見的研究。舉個例子，醫學期刊《刺胳針》近期刊載的一篇大型研究，得出讓人醉意瞬間全消的結論：任何酒類飲料，即使適量飲用，仍有損身體健康（這項研究探討的是相對風險，非絕對風險。），其結果似乎與其他研究相牴觸。

英國劍橋大學公眾理解風險中心（the Public Understanding of Risk）的大衛・史匹格霍特教授（David Spiegelhalter）提到，前述研究的附錄中有一個數字，顯示「與適量飲酒的人相比，『滴酒不沾的人』罹患心臟病與中風的機率，提高了百分之三十，整體死亡率也提升百分之二十，但這項結果並不代表風險上升是因為他們不喝酒。」

這項新研究並沒有回答的問題是：為什麼一些歐洲國家的人，明明酒喝得比美國人還多，卻還是比較長壽？造成其間差異的可能原因有很多，除了喝酒帶來的健康功效，可能還有許多原因，但無論如何，一切都有待進一步研究證實。

即使接受了前項研究的風險前提，如果遵照我們一開始所提到的原則，只進行少量到適量飲酒，所引起的絕對風險是非常低的。我們常鼓勵以開放的心胸，從不同的角度看事情，也建議各位以存疑求證的態度閱讀各篇相關研究，然後不時啜一口手裡的未過濾啤酒。

美國疾病管制中心並不建議沒有飲酒習慣的人，為了促進健康而開始喝酒；也沒有建議平常適量飲酒怡情的人戒酒。美國衛生部公佈的二〇一五至二〇二〇飲食指南中，提到男性一天可飲用一到兩杯酒精飲料，女性則是一天一杯，但疾病管制中心未來也可能參考新研究結果，而下修建議攝取量。

哈佛陳曾熙公共衛生學院指出：「適量飲酒需由個人自行斟酌。如果酒精帶來的健康效益明顯大於負面風險，便符合適量飲酒。」

在康乃狄克啤酒廠啜飲酸啤酒的同時，我們不禁想起，《漢摩拉比法典》頒佈至今已有三千五百多年，但啤酒仍是多數現代社會中的重要飲料，為此我們深感慶幸，畢竟啤酒對健康好處多多，更伴我們度過許多歡樂時光。在此我們舉杯紀念漢摩拉比，也祝福各位身體健康！

重點整理

- 美國疾病管制中心以及多數研究中，對適量飲酒的定義為：男性一天大約一杯，女性一天最多一杯。
- 啤酒含有抗氧化物與抗癌物質，也有助提升免疫力，這些都是麥芽和啤酒花特有的健康效益。
- 帶酸味的傳統啤酒有兩個主要原料：野生天然酵母和乳酸菌，其中乳酸菌是用於製作優格的健康好菌。
- 啤酒及其他酒精飲料之所以對健康有負面影響，可能是因為酒精會阻礙人體吸收葉酸。

第2章

葡萄酒是降低失眠的最佳選擇

沒人能讓他開懷大笑，但這也不奇怪，他滴酒也不沾。

——莎士比亞，《亨利四世》（*Henry IV*）

葡萄酒和啤酒一樣，適量飲用不但能為生活增添樂趣，也非常有益健康。和其他酒類相比較，葡萄酒潛在的健康效益獲證實已久，也不太常有反對論點出現。一天喝一杯葡萄酒對健康有許多好處，其中包含降低心臟病與第二型糖尿病的發生風險。

長壽者的普遍習慣：每天喝點葡萄酒

小說《悲慘世界》（*Les Misérables*）中，主角尚・萬強（Jean Valjean）為了讓飢腸轆轆的家人有東西吃，而偷了一條麵包，被捕後遭判五年徒刑。不料在十九世紀法國司法體系的嚴刑峻法下，五年的刑期輾轉延長為十九年。服刑期間，尚・萬強被囚禁在臭名遠播、地牢般的土倫監獄。他和其他獄中囚犯被銬上約七公斤重的腳鐐，而每天的伙食除了一小塊麵包和一點豆子湯，還獲配一點葡萄酒……你沒有看錯，正是葡萄酒。

在當時，一個人犯了輕罪，可能會被監禁好幾年，白天被迫做苦不堪言的粗活，晚上睡覺得帶著腳鐐，這些都有可能發生，但不讓囚犯喝酒？監獄可不能這麼做。

不給酒喝比酷刑還殘忍。

今日，殘酷的土倫監獄已走入歷史，但葡萄酒和起司、蛙腿和其他法文發音艱難的美食一樣，仍是法國文化的精髓。一般認為，葡萄酒對健康的諸多效益，加上法國人對葡萄酒恰到好處的喜愛，更加奠定了「法國矛盾論」：法國人常吃飽和脂肪含量高的食物，罹患冠狀動脈心臟病的比率卻相對低。

談到有潛在保健功效的酒類時，葡萄酒確實在各方面都常被認為是健康飲酒的最佳選擇。和啤酒或烈酒相比，葡萄酒潛在的健康效益獲證實已久，也不太常有反對論點出現。

和一般飲酒族一樣，喝葡萄酒的人除了享受葡萄酒的風韻，還能獲得許多好處。超過一百篇研究指出，適量飲用葡萄酒有助降低所有心血管疾病造成的死亡風險，高達百分之二十五到四十。葡萄酒也有助於降低罹患第二型糖尿病的機率，以及減緩認知功能衰退。別忘了，和啤酒一樣，葡萄酒也要適量喝才能享受這些健康益處，而「適量」大約是一天飲用一杯或五盎司量（約一百四十八毫升）的酒。

有天，我們在一家距紐約市一小段車程的義大利餐廳，第一杯葡萄酒剛喝了一半時，正好聊到適量飲酒對健康普遍有好處，葡萄酒富含抗氧化物和營養成份，具有許多特殊保健功效。全球一些數一數二長壽的人，都有固定喝點葡萄酒的習慣。

《藍色寶地》（*The Blue Zones*）一書的作者丹・比特納（Dan Buettner），曾造訪

全世界百歲人瑞比例極高的長壽村，並分析這些人瑞的生活習慣。例如，在義大利的薩丁尼亞，百歲人瑞的比例是美國的十倍以上。比特納的研究團隊發現，長壽的薩丁尼亞人終其一生，每天都會散步好幾英哩、飲食以蔬食為主，偶爾攝取紅肉、和朋友家人的關係緊密，而且每天喝一到兩杯葡萄酒。

薩丁尼亞人瑞應該會很喜歡我們待的那家義大利餐廳，不僅是家庭經營，每一道料理都是新鮮現做、精心烹調。餐點份量適中，醬汁不多但味道濃郁、層次豐富。葡萄酒雖然重要，卻不是整頓飯最重要的部分，最重要的是食物本身，還有用餐者享受彼此陪伴的歡樂氛圍。

一九七〇年代時，我剛到義大利就讀醫科，當時第一次見識到義大利人對葡萄酒的高雅品味及恰如其分的愛好，和比特納在薩丁尼亞人身上觀察到的一樣。我居住的城市風景十分優美，中世紀拱門建築的陰影灑落在古老的石舖街道，另有一個中央廣場供當地居民休憩。

就如前言所提到的，在義大利，我開始欣賞他們所說的「甜美的生活」。幾天埋頭苦讀醫學課本下來後，會在家裡或和朋友到市中心，喝一兩杯（有時候會超過）當地的陳年葡萄酒放鬆一下，還會大啖手工義大利麵和其他道地美食。

義大利每一座農莊幾乎都有種植葡萄，農民也釀酒。多數葡萄酒都裝在像瓦斯桶的大型容器裡，堆放在路邊。那裡的葡萄酒價格非常便宜，還能自己帶五十公升容量的細頸玻璃酒甕去裝，跟在美國買汽油的方式沒兩樣。

我也在義大利溫布利亞的一座葡萄園，當過葡萄採收工人，因此了解採收葡萄來釀酒其實非常辛苦。採葡萄是必須不斷彎腰的苦工，資深的葡萄園工人告訴我一個保留體力的訣竅：在農莊老闆不在的時候放慢速度。而老闆人就在附近，或快要回到農莊時，葡萄採收工人會大喊：「老闆來了！」提醒大家，所有人這時就會稍微加快採收速度。

暫時放慢腳步其實隱含人生寓意，辛苦工作和放鬆享樂並不是對立的兩端，在園裡採收葡萄一整天下來，用一杯葡萄酒犒賞自己一點也不為過。

義大利的醫院處方箋，喝杯葡萄酒好入眠

我的太太派蒂常回想起在義大利時，從鄉村到醫院，都能感受到當地人對葡萄酒的喜愛。她當時在一家醫院擔任護士，提供病患一天份的葡萄酒，是每日工作項目之一。她說，其實病患喝了一些葡萄酒和洋甘菊茶後，晚上不需要吃安眠藥就能一覺好眠。

那時常聽到不分老少的義大利人，都會哼唱的這句歌詞：「開水讓你沮喪、葡萄酒讓你歌唱。」（L'acqua fa male, il vino fa cantare），我倆每回想起，便會心一笑。

醫院供應葡萄酒這件事，對多數人來說可能很難想像，但葡萄酒作為治療用藥其實歷史已久。

古希臘時代的醫師希波克拉底（Hippocrates），便用葡萄酒作為清理傷口的消毒劑（編按：約生於西元前四六〇年，後世人普遍認為醫學史上最傑出人物之一），也

會將藥草和酒混合以減輕苦味，讓患者服用。他也擅長運用葡萄酒的特有功效，以其作為腹瀉和生產時的止痛處方。曾寫到：「葡萄酒是好物，對身體健康和有病痛的人都有幫助。」

如果能依上述的建議適量飲用葡萄酒，不以喝醉為目的，而把它當作甜美生活的一部份、一天忙碌辛苦後的享受，**葡萄酒能帶來的就不只是片刻的好心情，還能延年益壽、減緩老化。**

這些發現一直都有證據支持，也仍有許多研究持續探討葡萄酒的諸多功效。二〇一五年，《內科醫學年鑑》（*Annals of Internal Medicine*）的一篇研究，以進行血糖控制的第二型糖尿病患為受試者，受試者被隨機分為三組，必須在吃晚餐時飲用一百五十毫升的礦泉水、白葡萄酒或葡萄酒，如此進行了兩年。三組都依循地中海飲食法，且沒有進行熱量限制。

研究結果值得葡萄酒愛好者好好舉杯慶祝一下。被指定喝葡萄酒的組別，在心臟代謝疾病風險方面（編按：指一個人罹患糖尿病、心臟病或中風的機率），有些微下降，部分原因在於葡萄酒能提高HDL這種優質膽固醇的濃度。另一個好消息是，比起喝開水組，喝葡萄酒和白葡萄酒的受試者睡眠品質相對更好。

一項二〇〇五年刊載於《美國腸胃醫學期刊》（*American Journal of Gastroenterology*）的研究發現，每週喝一杯到八杯葡萄酒的人，比較不容易罹患大腸癌。**葡萄酒也和啤酒、烈酒一樣，經證實能減緩認知功能下降及阿茲海默症發作，及有助降低罹患第二型糖尿病的機率。**

盡情享受不過量的甜美生活

葡萄酒的保健功效來自兩種成份：白藜蘆醇（resveratrol）和原花青素（procyanidins）。白藜蘆醇是葡萄皮中天然形成的化合物，有助降低骨質疏鬆風險和肥胖細胞生成，也能降低血壓。白藜蘆醇則在葡萄酒中含量特別高，經證實能減緩老鼠肺部與老化相關的退化，也能提升高熱量飲食老鼠的壽命。

雖然針對白藜蘆醇的實驗室研究結果大都是好消息，但二〇〇六年倫敦大學瑪麗皇后學院（Queen Mary）的研究指出，葡萄酒的白藜蘆醇含量並不足以解釋葡萄酒的健康效益。該研究認為葡萄酒中的另一種成份——原花青素化合物，較可能是讓葡萄酒對健康有益的原因。研究人員發現，原花青素在法國西南部和薩丁尼亞出產的葡萄酒中濃度較高，因為這些產區採用傳統釀酒工法，確保釀造過程能充分萃取出這些化合物。研究結論並指出，這些區域的居民通常也比較長壽。

雖然葡萄酒有許多特殊功效，近期研究卻指出葡萄酒、啤酒和烈酒的健康效益其實密切相關。換句話說，葡萄酒是否為最健康的酒類其實有待進一步確認。如果你常喝葡萄酒，恭喜你，不妨繼續保持這個習慣。但如果你常喝的是啤酒或烈酒，也不必強迫自己改喝葡萄酒，因為現在還沒有足夠證據顯示葡萄酒和其他酒精飲料有太大的差別。不過多方嘗試無傷大雅，偶爾來杯葡萄酒也很不錯。

喝葡萄酒和啤酒或其他酒類一樣，可能隱含一些風險，對於女性尤其如此，但整體來說，許多負面研究都沒有定論，目前也還是認為適度飲酒的好處應該大於風險。

不管像前述像尚・萬強一樣被關在法國地牢裡，還是如同義大利醫院中不分貧富貴賤皆可飲，葡萄酒是納入日常飲食的好選擇。**全球許多生活型態非常健康的地區和長壽村中，葡萄酒都是當地居民每天不可或缺的一部份。**就像地中海居民早就深諳一個道理：葡萄酒是活出「甜美生活」的重要推手。

重點整理

- 如果能適量飲用葡萄酒，作為甜美生活的一部份、一天忙碌辛苦後的享受，葡萄酒能帶來的就不只是片刻的好心情，還能延年益壽、減緩老化。
- 葡萄酒也和啤酒、烈酒一樣，經證實能減緩認知功能下降及阿茲海默症發作，及有助降低罹患第二型糖尿病的機率。
- 全球許多生活型態非常健康的地區和長壽村中，葡萄酒都是當地居民每天不可或缺的一部份。
- 和啤酒或烈酒相比，葡萄酒潛在的健康效益獲證實已久，也不太常有反對論點出現。

第3章

一杯烈酒，讓心血管疾病降低40%

好事發生，就來點梅茲卡爾龍舌蘭。壞事發生，一樣來點龍舌蘭。

——匿名

一天喝約一份SHOT杯的烈酒，不管是琴酒、伏特加、龍舌蘭、威士忌、干邑等等，似乎和喝葡萄酒與啤酒有類似的健康功效，其中一個是降低因各種心血管疾病死亡的機率。盡量避免加糖的調味酒飲，把重點放在享受好酒的愉快氛圍，例如跟朋友聚會，或在下班後小酌放鬆。

一天一杯威士忌的老爺爺

「內爸」內森・奧夫剛是我爸爸、艾瑞克的的爺爺。內爸九十多歲時，有一次到佛羅里達西棕櫚灘區找他的心血管醫生做定期檢查。醫生一開始先問誰載他來看診，這是醫生對於年齡較長的病患，一般都會問的例行性問題。

「我自己開車來的。」內爸語氣和善，回答卻果斷直率。從小在布魯克林布朗斯維爾區長大的他，展現出經典紐約人個性。

「誰幫你採購日常物品？」醫生又問。

「我自己去買的。」

「誰幫你煮晚餐？」

「我自己煮。」

醫生又多問了幾個問題後，確認內爸非常活躍健康、完全能自主生活，於是說：「你可以回家了，六個月之後再來。下次換你當醫生給我建議了。」

內爸很愛跟子女和孫子們講這個故事，而且樂此不疲。如果被問到健康長壽的秘訣是什麼，他會說：「我不像很多年輕人（他所謂的年輕人就是九十歲以下的人），整天盯著電腦，屁股黏在椅子上。我常走來走去，吃很多蒜頭和洋蔥，而且我每天都喝一杯蘇格蘭威士忌。」

內爸其實是退休後才養成每天喝點威士忌的習慣，這杯威士忌也不是讓他長壽的唯一原因。不過，威士忌就像其他酒精飲料一樣，如果適量喝，就能帶來滋補身體的妙用。我們在啤酒和葡萄酒的章節中提過，數十篇研究都顯示，適量飲酒能降低約百分之二十五到百分之四十因心血管疾病的死亡機率。以烈酒來說，一般的定義是酒精濃度（ABV）百分之二十或以上的蒸餾酒，適量飲用指的是約一天一杯，而一杯的量是一點五盎司（約四十四毫升）或約一個SHOT杯。

和其他酒類一樣，**適量飲用烈酒能提高人體內高密度脂蛋白的濃度，這有助強化身體對心臟疾病的防護網**，我們在之前章節也提到過。

酒類也是非常有效的止痛劑。倫敦格林威治大學分析了十八篇文獻、針對四百多人進行研究，發現酒類的止痛效果比常見的泰諾止痛藥（Tylenol）還要好。研究結論指出，一般人喝下三到四杯酒後，血液中酒精濃度平均值會上升到大約百分之零點零八，此時「疼痛強度會呈現中等到大幅的下降。」

事實上，酒類減輕疼痛的效果甚至和鴉片類藥物不相上下。當然，三到四杯的啤酒、葡萄酒或烈酒，早就超過我們建議的每日飲酒量，但酒類絕佳的止痛效果還是值得我們再乾一杯！

蒸餾酒的驚人好處——健康、創造力及性生活

自古以來，各類烈酒的潛在健康功效一直都有紀錄。拉丁文的威士忌一詞是aqua vitae，意為「生命之水」。琴酒則是一種由杜松子、八角、葛縷子、香菜和其他草本植物調味的蒸餾烈酒，十七世紀時作為醫療處方，在荷蘭當地藥局皆有販售，用來治療腎臟、腸胃問題以及膽結石和痛風等各種疾患。今日我們當然不會建議只喝一杯琴酒加冰塊來治療上面這些疾病，但蒸餾酒飲的確能帶來不少驚人好處。

一項刊載於國際學術期刊《意識與認知》（*Consciousness and Cognition*）的研究中，伊利諾大學芝加哥分校的研究人員，將四十位年輕男性分成兩組。一組邊看電影邊享用伏特加蔓越莓酒，直到血液酒精濃度逐漸上升到百分之零點七五，剛好在酒駕超標值百分之零點八以下。另一組則只看電影，沒有喝任何酒類飲料。兩組受試者之後進行

心智敏銳度測試，結果喝酒那一組不只成功答題數比較多、花的時間比較少，受試者「認為自己的答案來自一時的靈感」的比例也較高。

由於實驗樣本數不大，所以無法斷然下定論，但這項研究援引的文獻指出，健忘其實有助創意思考。在無法專注或選擇性健忘的情況下，一般人比較不會受先前經驗限制，因此更能有創新發想，而酒類可能有助進入這種記性差、但高創造力的境界。研究者的結論為：「這項研究支持前人文獻的論點，亦即注意力較分散時對於創意型問題解決有幫助，**研究也顯示微醺狀態有可能改變注意力狀態，輔助創意思考**」。

有些研究甚至一反常理，指出酒類有助性生活。澳洲一項針對超過一千名男性的研究發現，和無喝酒習慣的人相比，過去一年內至少喝一杯酒、週末飲酒和豪飲族群這三個族群，發生勃起功能障礙的機率比較低。美國有太多電視廣告推銷治療陽痿的藥品，「不舉」因此成為美國人愛用的笑梗，而該研究顯示，比起滴酒不沾的人，飲酒族不舉的機率低了百分之二十五到三十。樣本數固然很小，但研究呈現的畢竟還是「硬梆梆」的證據。

品味烈酒的正確方式

為了能在享受美酒的同時促進健康，絕對要注意自己喝的是哪種酒。**許多餐廳和酒吧提供的調酒，其實只是用低價、來路不明的劣酒混合糖水的宿醉黃湯**。所有小眾的精釀酒商都會告訴你，劣酒的蒸餾過程缺乏細心把關，通常也含有較大量的非乙醇酒精，人體沒有辦法代謝，也被普遍認為是造成頭痛的元兇。幸好現在美國有許多精釀酒廠陸續開張，歐洲、墨西哥和世界各地也有很多優質烈酒製造商。這些好酒在適量飲用下並不會導致宿醉，而且帶有多層次風味，完全不需要用雞尾酒糖水加以掩飾。避免宿醉和高熱量的調酒只有一個訣竅：如果不確定蒸餾烈酒品質好不好，那就不要喝。

我有一個老朋友是統計學領域的權威，一向滴酒不沾。近來他卻因為相信酒類有健康功效，開始為了養生喝酒。在一年一度的美式足球超級盃的派對上，他在時鐘敲響七點鐘時，掏出一個SHOT杯大小的威士忌玻璃瓶，然後就像四歲小孩被爸媽逼迫吃青菜那樣，用不能再苦的苦瓜臉喝下那瓶威士忌，一連串舉動引來旁人側目。

派對上其他人一邊觀賞球賽，一邊喝酒助興，他卻像病人按時服藥那樣，把一日份的酒痛苦喝下肚。也許這麼做的確有喝到酒、對健康多少有幫助，但他其實搞錯了重點，我們也認為這麼做長期沒有太多好處。總而言之，把喝酒當成吃藥的作法，對他來說很難持之以恆，幾個月後的確就放棄了。

酒不是咳嗽糖漿，也不該像吃降血壓藥一樣按時服用。對於有喝酒習慣的人來說，酒能讓人心情愉悅。不過，唯有把喝酒視為健康快樂人生的一環，為了享受、和他人共度愉快時光，才能發揮對身心健康的最大效益。

雖然我們愛好和烈酒有關的一切，但**我們不過量飲酒，也絕不鼓勵這種行為。少喝點酒、喝品質好的酒才是正道**。在木桶中多年熟成的艾雷島單一麥芽蘇格蘭威士忌，或是以珍貴野生龍舌蘭手工精心蒸餾的梅茲卡爾酒，都是最上等醇美的烈酒，輕啜一口、仔細品味時，好似能品嘗出釀酒師傅的精湛工藝，和活出自我的熱忱。就像煉金技術一般，精心釀造的利口酒和烈酒，帶有看不見的神奇魔力，不只對人體健康有益，也能提振人的心靈與心情。

內爸喝威士忌時所展現的莊重，不亞於某些信仰祭拜祖先時的莊嚴肅穆；他品味好酒的喜悅，彷彿一個人幸運地捕捉到夏日的夕陽餘暉。

在我們所認識的人當中，他勤奮努力的程度數一數二。在經濟大蕭條時代出生的他，年紀輕輕就成為家中的經濟支柱。結了婚、二戰期間於海軍服役之後，開始從事販賣機器的生意。為了養家，內爸誇口說，他整整沒日沒夜地工作了七年。每天少得可憐的幾小時睡眠，又常被半夜的叫修電話打斷，要求他到餐廳、酒吧、飯店去維修機器。為了能和孩子有多一點親子時間，他常把孩子帶在身邊一起工作，在偌大的紐約市東奔西跑。

幾年之後，內爸在佛羅里達展開退休生活，但他完全沒有休息的打算。即使已經是一位九十幾歲的老人家，他每天還是日出前就起床、自己煮咖啡、磨烹飪刀具、用牙刷清理廚房瓦斯爐，每次我們去探望時，都佩服得五體投地。

天還沒亮，他就出門去做第一份志工。他不但在慈善廚房當廚師、在當地劇場當搭景人員、擔任警察志工，還在當地一所醫院的藥劑部和傳染病科工作，那所醫院甚至還請他幫忙訓練新進的藥劑師。

不過，無論他白天多努力工作，下午四點一到，就準備收尾動作。之後他會坐下來休息半小時到一小時，手裡拿著最愛的蘇格蘭威士忌，一邊聽古典樂一邊看書，藉此洗去白天揮汗做事的疲憊。對於通常不喜歡放鬆片刻的他來說，此時他能進入一種幾近冥想的靜心狀態。這是他的私人小酌時光，沒有任何人、任何事能打擾。

這就是品味烈酒的方式。**讓喝酒成為你每天期待的一種儀式，用來沉澱心靈、促進身心健康**。內森爺爺的小酌時光，可能比一般餐前雞尾酒時間還要早一小時開始。但在佛羅里達一帶，尤其是瑪格麗特維爾區的許多酒吧門上，告示牌都會閃著禪定的智慧光芒，清楚告訴你：「某個地方已經五點啦！快來為美好人生乾杯吧！」

重點整理

- 適量飲用烈酒能提高人體內高密度脂蛋白的濃度，這有助強化身體對心臟疾病的防護網。
- 許多餐廳和酒吧提供的調酒，其實只是用低價、來路不明的劣酒混合糖水的宿醉黃湯。
- 避免宿醉和高熱量的調酒只有一個訣竅：如果不確定蒸餾烈酒品質好不好，那就不要喝。
- 雖然我們愛好和烈酒有關的一切，但我們不過量飲酒，也絕不鼓勵這種行為。少喝點酒、喝品質好的酒才是正道。

NOTE

ABOUT FOOD

第2部

吃美食的壞習慣——越吃越瘦、預防失智症……

第4章

一杯香醇咖啡，抗百病

唯有嚐過咖啡香醇濃郁的滋味，一個人才能體悟眞理。

——安薩里・傑澤里・漢拔・阿卜杜・卡迪爾（Ansari Djezeri Hanball Abd-Al-Kadir）

喝咖啡不健康這個觀念似乎是個迷思。許多研究指出，適量飲用咖啡（一天約三到五杯）能降低全死因死亡風險，並有助改善許多病症、提升生活品質。有時候不妨單純喝新鮮現烘、精心沖煮的黑咖啡，別額外加糖和過多奶精，才不會掩蓋了咖啡原始的濃郁風味。

神奇的鮮紅色漿果，有助心血管健康、預防糖尿病

據說在很久很久以前，一位名叫卡爾迪的牧羊人帶著他的羊群，在衣索比亞的高原山區放牧，無意間發現了咖啡，也因此此改變了世界。

其實應該說是他的羊發現了咖啡。傳說中，他的羊群看到山崖邊的鮮紅色漿果，吃下肚之後變得異常興奮，甚至做出羊一般不會做的事——開始跳起舞來。這些鮮紅漿果，就是今日創造數十億美元咖啡產業的咖啡漿果。

暫且不論卡爾迪的傳說是真是假，西元前十世紀左右，衣索比亞山區的居民就有食用這些漿果來提振精神的習慣。從日曬、去殼來萃取咖啡漿果的濃郁風味，到烘焙、沖煮成咖啡，這一系列的程序，之所以能逐漸推廣到整個阿拉伯世界，主要的推手是奉行蘇菲神祕主義的穆斯林行者。當時他們在呼唱真主阿拉之名時，會飲用咖啡保持專注。

咖啡今日是全球數一數二的大宗交易商品，美國人一天就會喝掉上百萬杯咖啡。雖然常聽到有人說「喝咖啡會妨礙發育」，但這種觀點就和美國加油站賣的咖啡一樣難以下嚥，而且一點也不正確。這只是其中一個例子，大眾對於咖啡有太多負面迷思，讓咖啡因此淪為一種「罪惡的壞習慣」。

一九七〇和八〇年代有不少研究，認為咖啡和罹患癌症及心臟疾病機率上升有關，但這些研究並沒有考量到受試者的抽菸習慣或其他不良生活習慣。**近期研究顯示，咖啡不但不會影響生長發育，還指出不喝咖啡反倒可能影響健康。**

本書所提到的所有壞習慣中，咖啡大概是最值得我們同情的了，它無故被貼上對健康有害的標籤。雖然咖啡經常被列入應該避免或限制攝取的黑名單，但許多研究都指出**適量飲用咖啡（一天三到五杯）能促進心血管健康，降低罹患中風、帕金森氏症、阿茲海默症與第二型糖尿病的風險。**咖啡也經證實對健康非常地好，好到愛喝咖啡的人應該樂得立刻和卡爾迪的羊群手牽手跳舞了。

美國心臟協會（American Heart Association）於二〇一四年出版的一篇研究中，針對三十六項研究進行系統性文獻回顧，研究樣本超過一百二十七萬名受試者。這項研究探討長期飲用咖啡和罹患心血管疾病風險的關聯，研究人員發現適量飲用咖啡的人，罹病的風險最低。其實前人的研究早已發現類似結果，認為咖啡能降低中風的發生機率。即使狂喝咖啡（一般定義為一天五杯以上）也經證實對健康幾乎沒有，或完全沒有負面影響。

如果咖啡是製藥公司銷售的新產品，那麼這款新產品除了能為公司進帳數十億美元外，其廣告規模也會大到把壯陽藥物犀利士（Cialis）和威而剛擠出黃金時段。畢竟咖啡可是經證實幾乎沒有副作用，又如此深受大眾喜愛。

雖然我們實際上不太可能看到電視廣告中，有關宣揚咖啡這項神奇「藥物」的保健功效，但不妨和醫生討論自己適不適合喝咖啡。從許多研究結果看來，咖啡應該是對你我都好的健康飲料。

單純地享受一杯黑咖啡吧！

既然如此，關於咖啡的壞名聲又是怎麼來的？

原因可能在於咖啡的閨密們名聲不太好，其中最惡名昭彰的就是糖了。討論咖啡的健康效益時，我們得再三強調，這裡指的咖啡是不加任何添加物、幾乎零熱量的黑咖啡，而非只是加了咖啡調味的奶昔飲料。

一般大型飲料連鎖店的含糖咖啡飲料，一杯可能就超過四百大卡。即便我們不喝含糖咖啡飲料，一般市售咖啡還是可能成為熱量炸彈，例如一杯不含糖的中杯咖啡加奶精，就大約一百二十大卡，而一杯中杯卡布奇諾就超過一百大卡。

除了不健康的添加成份，咖啡也常和一些不健康的生活習慣綁在一起，無形中使很多人養成熬夜、埋頭工作或苦讀的壞習慣。導致許多人喝咖啡的目的，已經變成緩解宿醉、讓自己保持清醒，或逼迫自己早點起床。

咖啡豆中的神奇成份是咖啡因，也是消耗量位居全球前幾名的常見藥物成份，咖啡因會干擾腺苷（adenosine）此物質在體內運作的機制。在正常情況下，腺苷是中樞神經系統的抑制劑，會降低神經活性，進而促進睡眠、阻礙喚醒。但是咖啡因經吸收進入血液時，會和腺苷相互競爭，神經細胞的腺苷接受器會把咖啡因誤以為是腺苷，反而跟咖啡因結合。

這樣的機制是喝下咖啡後感到精神一振的原因，也使咖啡在體內發揮健康效益，例如成為強力的抗氧化劑、低熱量的天然大腦興奮劑，也對高血糖症有抑制作用。

咖啡雖然能提神醒腦，但無節制地狂喝卻可能有反效果，造成焦慮、壓力、暫時性血壓升高等，這些都可能危害整體健康。

這些次要的負面影響其實不難克服。**想避免咖啡中的糖份和其他高熱量成份，不妨選擇來一杯黑咖啡！**世界上很少有比難喝的黑咖啡更難下嚥的東西，但咖啡迷通常偏好喝黑咖啡，原因在於細心採收處理的優質阿拉比卡咖啡豆香氣四溢、風味濃郁，而且依全球不同栽種區域，各有其獨特迷人的風韻。

但加了牛奶和糖之後，黑咖啡這些香醇風味就會被大幅掩蓋掉，幾乎嚐不出來。雖然如此，偶爾加一點牛奶或奶精，並不會影響咖啡的潛在健康效益。有些人喜歡在深焙黑咖啡中加點奶精，調製成美好順口的享受；一杯精心沖煮的卡布奇諾，也的確是讓人幸福滿點的享受。

別只把咖啡當作每日提神飲料，就能避免它成為不利健康的一環。雖然咖啡含有類似藥物的咖啡因成份，我們喝咖啡卻不應該像注射興奮劑一樣，只為了在起床後立刻精神一振。喝咖啡應該是一件高雅美好的事，值得你慢慢享受、殷切期盼。

回想咖啡的古老歷史，更能讓我們沉浸在品味咖啡的過程中。咖啡廳自古以來一直是藝術家和科學家聚會交流的地方，你也應該好好利用咖啡帶來的精力暢通思緒、激發創意，別只是靠咖啡來撐過一天或紓解壓力。花幾分鐘讀份報紙、看本好書，同時品味手中的晨間咖啡，或是和朋友或同事一起喝咖啡話家常，都很不錯。

除了咖啡，紅茶、白茶和綠茶也有許多為人稱道的健康效益，身為醫生，我和診所的病患也很常喝茶。不過我們沒有特別寫一章來為茶作澄清，因為除了「波士頓茶黨事件」發生時，抗議群眾將茶葉倒入海裡，一般人並不認為茶對身體有害。此外，自美國獨立戰爭以來，咖啡已經成為美國人的飲料首選。畢竟，美國人當時冒著喪命風險向西部遷移時，馬車上載的可不是滿滿的食物，也不是茶葉，而是咖啡。

不過就如剛剛所說，茶是很健康的飲品。一杯茶的咖啡因含量只有咖啡的三分之一，茶葉中屬於甲基黃嘌呤類（methylxanthine）的茶鹼（theophylline），作為支氣管擴張劑以及治療氣喘的處方，也已經有數十年歷史。因此想減少咖啡因攝取的朋友，以茶代咖啡也是很好的選擇。

還咖啡一個清白，喝咖啡有益無害

即便咖啡具有獨特的香醇風味，但咖啡沾染的壞名聲就像咖啡漬一樣難清除，這是重視健康的人比較擔心的部份。不過，我們之前也提到，雖然一九七〇和一九八〇年代的研究，認為咖啡和癌症與心臟疾病罹患機率上升有關聯，這些研究的方法卻很有問題，幾十年以來也沒有其他研究者支持此論點。事實上，近幾年許多大型研究都提出相反的論點。一項研究指出，咖啡和整體罹癌風險下降的關聯，許多近期的整合分析研究也發現，喝咖啡與死亡風險大幅降低有關。

此外，有些研究含糊其辭，甚至可以說讓人一頭霧水。例如「新加坡華人健康研究」，招募了六萬三千兩百五十七名華人受試者。這些受試者的年齡介於四十五到七十四歲，於一九九三到一九九八年間都住在新加坡。研究資料顯示，比起一天喝一杯的受試者，一週喝少於一杯咖啡的受試者，或一天喝超過兩杯的受試者，罹患高血壓的風險都大幅下降。這麼說來，根據這項研究，有輕微高血壓、一天喝一杯咖啡的人，如果想活得更健康，要不就是不要再喝咖啡，或者加倍喝咖啡。

二〇一六年，世界衛生組織（WHO）旗下的國際癌症研究署（International Agency for Research on Cancer），召集了二十三位頂尖科學家組成專家小組，研究後發現並沒有確切能證明喝咖啡可能致癌的證據，但特別指出喝任何太燙的熱飲可能會導致食道癌。這個專家小組在一九九一年時，原本宣佈咖啡可能是致癌物，但近期罕見地推翻了先前決定。這項新結論是針對超過一千篇咖啡研究進行文獻回顧後的結果。

綜合以上來看，研究文獻還了咖啡一個清白，指出咖啡幾乎無害，也對健康有潛在效益。咖啡並不會阻礙發育，而且成人適量喝無糖咖啡不只是一種享受，也對健康很好。

儘管如此，有些人的確不適合一早就喝咖啡，空腹喝可能會造成腸胃不適，尤其是濃烈的黑咖啡，或是只加了一點牛奶或奶精的咖啡。另外，習慣喝咖啡的人如果突然停喝咖啡，也可能會出現劇烈頭痛等生理戒斷症狀。

重點整理

- 適量飲用咖啡能促進心血管健康，降低罹患中風、帕金森氏症、阿茲海默症與第二型糖尿病的風險。
- 咖啡雖然能提神醒腦，但無節制地狂喝卻可能有反效果，造成焦慮、壓力、暫時性血壓升高。
- 想避免咖啡中的糖份和其他高熱量成份，不妨選擇來一杯黑咖啡。
- 別只把咖啡當作每日提神飲料，就能避免它成為不利健康的一環。喝咖啡應該是一件高雅美好的事，值得你慢慢享受、殷切期盼。

第5章

巧克力：抗氧化物的神奇功效

你需要的只是愛，但偶爾吃點巧克力也不會怎樣。

——史努比系列漫畫創作者、美國漫畫家查爾斯・舒爾茨（Charles M. Schulz）

巧克力堪稱甜食的經典，在十六世紀就深受歐洲人殖民者喜愛，只要將份量拿捏得恰到好處，吃點巧克力不只能讓生活更美好，甚至有益健康。許多研究皆證實，巧克力能降低心臟疾病和中風的風險，也有助減緩認知功能退化。

被糖份破壞美名的巧克力

阿茲特克人（編案：創造了十四世紀至十六世紀的墨西哥古文明）相信巧克力是智慧之神魁札爾科亞特爾（Quetzalcoatl）賜給他們的禮物。像咖啡豆一樣可食用的部分藏在種子中，美味的巧克力主要來自可可豆，被包覆在可可樹結出的可可果中。可可豆最早主要用來製作發酵飲料，歷史可以追溯到幾千年前的中美洲。

這份來自神靈的禮物，深受十六世紀的歐洲殖民者喜愛，他們發現只要拌入糖，就能讓巧克力更加好吃。含糖巧克力逐漸成為歐洲文化的一部分，而巧克力貿易雖然促進經貿熱絡，卻也伴隨一些後遺症。歐洲人吃下肚的巧克力和糖的份量開始超標，導致牙齒潰爛、健康狀況亮起紅燈，巧克力的美名最後也因此被破壞。和西方文化中許多甜食、零嘴一樣，巧克力成了一種罪惡享受的象徵。

幸好，近期越來越多人了解到，在健康方面，巧克力也許真的是上天賜予的禮物。二〇一五年，一項於醫學期刊《心臟》（*Heart*）樣本數超過十五萬人的研究中。發現一天吃至多三・五盎司（約九十九・二二公克）巧克力的受試者，罹患中風的機率少了百分之二十一，罹患心臟疾病的機率少了百分之二十九，因心臟疾病死亡的風險更降低了百分之四十五之多（不過並非這十五萬人都接受上述病症的檢測分析）。

這項整合分析研究中，很多受試者之前並沒有固定吃黑巧克力的習慣，無法證明巧克力是產生這些效益的唯一原因，卻也指出：「目前似乎沒有任何罹患心血管疾病的人應該避免食用巧克力的證據。」

這類研究結果其實很普遍。二〇一六年，一項瑞典的研究針對六萬七千六百四十人進行了一項前瞻性調查，發現攝取巧克力和罹患心臟疾病風險降低有相關性，與前人研究結果吻合。

二〇一〇年，德國一項涵蓋一萬九千三百五十七人的研究顯示，定期且適量攝取巧克力，似乎能降低罹患心臟疾病的風險，部分原因在於巧克力有助降血壓。適量攝取巧克力的潛在健康功效不少，但降低罹患心臟疾病的風險還只是其中一例而已。

多年前，我們會建議患者不要攝取過多糖份，多數市售巧克力也包含在內。當時我們和多數醫療專業人士，都認為巧克力是不健康的食物。之後，我們注意到在下午吃點巧克力的法國病患體重減輕了，各項血液檢測結果也比多數美國病患好。我們發現原來巧克力和酒一樣，是法國人生活的一部分，也可能和前述的「法國矛盾論」多少有點關係。

後來，我們看到越來越多較健康患者，其實都有適量吃黑巧克力的習慣。我們及幾項新研究的作者，都推測少量攝取巧克力可能對健康有益。

除了能降低心臟疾病風險，攝取少量巧克力也經證實和中風發生機率、血壓降低，以及認知功能退化減緩有關，甚至可能有助延緩阿茲海默症發病。

事實上，如果你忘了吃巧克力，可能也會開始忘記做其他事。二〇一六年刊於《阿茲海默症期刊》（*Journal of Alzheimer's Disease*）的一項研究中，以約五百位六十五歲以上的老年人為受試者，發現有吃巧克力習慣者，認知功能退化的風險降低了百分之四十。

哥倫比亞大學醫學中心（Columbia University Medical Center）的研究人員，進行了更深入的研究。二〇一四年，他們招募了三十七位年齡介於五十到六十八歲之間的健康中、老年人。實驗中特別設計了兩種飲料，分別含有高濃度和低濃度的可可黃烷醇

（cocoa flavanols）。

研究人員發現喝了高濃度可可黃烷醇的受試者，在記憶力測驗中表現比低濃度組好。雖然研究樣本數不大，飲料也是專為研究設計，但結果的確顯示可可對提升記憶力很有幫助。受試者只喝了三個月的可可飲料，記憶力測驗結果卻好像年輕了幾十歲，數據上也比喝非可可飲料的受試者，高了大約百分之二十五。

抗氧化物和幸福感，是巧克力健康的秘密

巧克力，特別是黑巧克力，富含多酚類和可可黃烷醇類等。一項研究發現，**可可粉的抗氧化物含量，甚至高於藍莓、蔓越莓和石榴等許多所謂的「超級水果」**。

巧克力中的可可鹼有大量甲基黃嘌呤類，含有這類物質的還有茶葉中的茶鹼，以及咖啡中的咖啡因，雖然運作機制不同，但都有強健身體的功效。巧克力所含的可可鹼和咖啡因的結構相似，雖然不會像咖啡一樣讓人精神一振，不過的確能讓很多人有滿心幸福的感覺。

有些線索指出，人類一直以來都在尋找含有甲基黃嘌呤類的食物和飲料，部分原因和這類物質帶給我們的感受有關。二〇一三年，有學者在國際營養學期刊《*Nutrients*》上指出，巧克力自古至今一直深受人類喜愛，是因為它能帶給我們好心情，他提到：

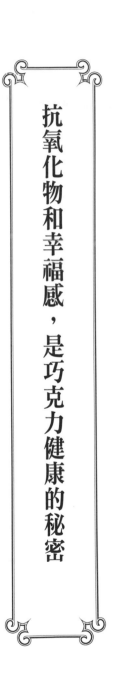

「人類喜歡含有提神成份的飲料，可能是因為喝了之後有助提升生活品質，讓思考、探索、打獵等活動更有效率。歷史和人類學紀錄顯示，人類不斷在尋找的養份或飲料，大多不只能補充熱量，還帶有能增進幸福感的成份。」

此學者在結論中指出，巧克力特別有助於帶給人幸福感，因為可可鹼在這方面的作用比咖啡因還強，而且通常不會造成焦慮或失眠。

請吃至少百分之七十以上的黑巧克力

和牛奶巧克力相比，黑巧克力較能提供以上的諸多好處，因為牛奶巧克力含有的抗氧化物和可可成份較少。**黑巧克力的健康效益獲得越來越多的研究支持，所含的糖和脂肪也比牛奶巧克力少。**

而白巧克力的抗氧化物和可可含量又更少，事實上，白巧克力雖然有添加可可調味劑，但根本不算是真的巧克力。因此我們建議吃可可含量至少百分之七十以上的黑巧克力。

維持吃巧克力的飲食習慣當然沒問題，但前提是你的糖代謝正常，因為多數巧克力（除了純可可粉）都含有糖。另一個前提是巧克力是你能開心享受的食物，這個前提適用於書裡提到的每個壞習慣。不過，別急著把冰箱放蔬菜的空間清空，改放滿山滿谷的巧克力，畢竟蔬菜水果還是比巧克力健康。

一般指出攝取巧克力有益健康的多數研究，主要針對黑巧克力而言，這一章談的巧克力指的也是高品質的黑巧克力，而不是常在超市架上看到、過度加工的各種垃圾食物。這些過度添加的巧克力才是萬聖節期間最嚇人的鬼怪。**過度加工的巧克力含有大量的糖份，熱量也很高，吃太多可能有害健康。**

無法抵抗內心甜食惡魔召喚而常大吃巧克力者，最終可能引發第二型糖尿病等疾病。而其他糖份太高的飲食，也經證實和阿茲海默症與中風罹患風險上升有關聯。

但如果在吃巧克力時能掌握「適量」這個關鍵，就能享受許多潛在好處。我們也相信吃巧克力獲得的，不只是有益健康的抗氧化物和食物本身的營養，還有因為這一口美好而產生的滿心幸福感。

值得注意的是，有關巧克力的許多醫學研究，都獲得相關產業贊助經費，因此可能會有正向偏見的問題。我們建議運用常識審慎判斷，也不建議放棄新鮮的蔬果，改大口吃巧克力。

別一整天不停把甜食零嘴往嘴裡塞，或在趕工作時大吃超商賣的糖果餅乾。如同本書提到的其他壞習慣，吃巧克力應該是值得你期待並好好享受的一件事。不妨在喝下午茶或咖啡時搭配一點巧克力，或者當作晚餐後的小甜點。重點在質而非量，所以如果買得到，最好還是吃手工或單一產地的巧克力。

好好品嚐每一口巧克力，仔細去感受巧克力濃郁的風味、觸動味蕾的香氣，以及優質巧克力的滑順口感。如果能這樣去享受，巧克力的健康效益，就很可能讓你的生活和巧克力一樣甜蜜蜜。

重點整理

- 除了能降低心臟疾病風險，攝取少量巧克力也經證實和中風發生機率、降低血壓，以及認知功能退化減緩有關，甚至可能有助延緩阿茲海默症發病。
- 可可粉的抗氧化物含量，甚至高於藍莓、蔓越莓和石榴等許多所謂的「超級水果」。
- 黑巧克力的健康效益獲得越來越多的研究支持，所含的糖和脂肪也比牛奶巧克力少。因此我們建議，吃可可含量至少百分之七十以上的黑巧克力。
- 我們也相信吃巧克力獲得的，不只是有益健康的抗氧化物和食物本身的營養，還有因為這一口美好而產生的滿心幸福感。

第6章

蜂蜜、楓糖漿和蔗糖：甜美卻不是負擔

說到食品標籤，要記得的重點只有一個：避免有標籤的食品。

——全球權威營養專家喬．傅爾曼（Joel Fuhrman）

蜂蜜和楓糖漿如果適量攝取，能帶來許多健康效益，同樣道理也適用於含有天然糖份的莓果和水果類。盡量避免含高果糖的玉米糖漿，和無糖汽水中添加的人工甜味劑。人為煉製的加工糖對健康不好，不過偶爾犒賞自己，吃一點並沒有關係。

對甜食的著迷，是人類的天性

「以後一定不能給女兒吃糖。」這是一九八〇年代初，我和派蒂生下第一胎時做的決定。當時，我才剛從奧勒岡州波特蘭的國立自然醫學大學（National College of Naturopathic Medicine）畢業，派蒂也即將從護士晉升為專科護理師，兩人可說是非常注重健康的標準父母（這麼說還嫌太過委婉）。

女兒伊拉娜的點心從來不是糖果、巧克力、冰淇淋或任何含糖甜食，而是新鮮水果。我們以為從小只讓伊拉娜吃天然糖，禁絕一切精緻糖份，短時間能幫助她健康發育，長時間則能避免她變成甜食控。

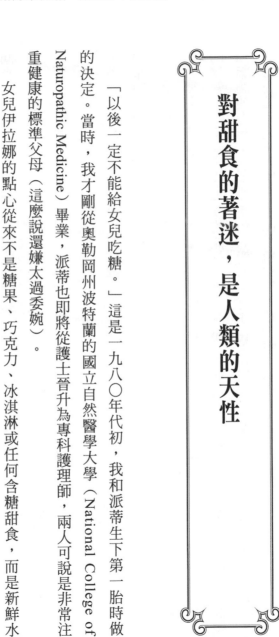

我們打的如意算盤落空了。

伊拉娜約四歲時，有一次親戚來作客，知道我們家吃飯絕對不會上甜點，因此帶了一盒餅乾作為餐後點心。雖然伊拉娜在日常飲食中很少接觸糖，但餅乾盒裡裝的精緻小東西還是深深吸引著她，就像希臘神話中，賽蓮女妖用優美的歌聲不斷地誘惑奧德修斯。

那天晚上晚餐開飯的時候，沒有人看到伊拉娜的蹤影。喊她的名字也沒有得到任何回應。之後，我們聽到一個像老鼠匆忙逃跑的聲音，從藏著那盒誘人餅乾的櫥櫃裡傳來。櫥櫃門一打開，只見伊拉娜狼吞虎嚥地大嚼著餅乾，整個頭幾乎埋進餅乾盒裡，對身旁發生什麼事完全不在意，一心沉浸在滿滿都是糖的天堂樂園。

這件事說明了禁止孩子吃甜食的政策似乎沒有效。雖然爸媽盡了一切努力，最後還是不敵他們對甜食的渴望。伊拉娜並不是特例。事實上，無論出生背景、宗教或種族，生來嗜吃甜食是人類共有的特質。

在達爾文演化論的框架下，自古以來，我們的祖先就知道要尋找含有糖份的食物；人類嬰兒最棒的天然食物——母奶，味道就是甜的。人類歷史多數時期，糖是相對稀少的物質，卻是食物中重要的能量來源。然而，血液中過多的糖份會經由肝臟轉化為肝醣和脂肪酸儲存。糖生成脂肪的能力，可能在古代採集狩獵時期非常有幫助，因為當時人類需要儲藏大量脂肪，才能熬過食物短缺的空窗期。

然而，隨著大規模農業興起、文明進步發展，糧食產量越來越多。傳說摩西帶領以色列人離開埃及、擺脫奴隸身分時，承諾要帶他們前往流著「奶與蜜」的土地。他會這麼說是因為，蜂蜜是古時候最甜又不難取得的食物。當時，糖份攝取和熱量消耗的比例還算平衡。然而，後來美洲新大陸開始大規模種植甘蔗，純糖變得唾手可得，大眾對於糖的狂熱才演變成一個健康問題。可惜的是，人類對糖的攝取，並沒有隨著供給充足而減少。

這一路發展到今日，超市架上堆放的都是含糖產品，從糖果、蛋糕、汽水、柳橙汁，甚至許多宣稱有益健康的飲料都含有糖。在愛吃甜食的天性驅使下，我們開始大口吃蛋糕、喝汽水，把糖果餅乾一口一口往嘴裡塞。很多人認為我們對糖的渴望就像吸食毒品成癮者。**糖也確實就像容易上癮的毒品，會刺激多巴胺釋放進入大腦，讓人有強烈的愉悅感**，並渴望更多類似的體驗。

幸好，我們有好消息要跟你分享。

什麼糖，有效預防糖尿病和大腸激躁症？

在這一章中，我們不談如何抗拒甜食的誘惑，而是教你如何跟內心的渴望合作，方法就是**吃少量健康的甜食，例如水果、莓果、蜂蜜和楓糖漿，以及適量真正的糖（直接從甘蔗攝取再好不過），並和化學添加物過多的糖份替代品說不**。這麼做能把我們對甜食的渴望，轉化為促進健康的推手，而不是必須一直對抗的敵人。

冬末春初的時候，我們會在住家外的楓樹上鑿洞取楓樹汁。採集楓樹汁的習俗源於美洲印第安人部落，他們發現將樹汁濃縮後能做出香甜美味的糖漿，後來才變成美國東北新英格蘭地區的傳統。

為了萃取出上等的楓糖漿，一定要將樹汁煮滾一段時間，耐心等到汁液變成深金黃色，呈現出糖漿般的濃稠質地。

製作健康美味的楓糖漿可不簡單，有時候我們時間抓得太短，結果成品太稀不夠濃稠。但若煮滾太久，樹汁就會硬化成為楓糖糖果，甚至完全蒸發。就像有一次我們忘記查看樹汁的情況，結果煮過頭，汁液全部蒸發，放在戶外烤架上的鍋子底部燒了起來，院子裡用來熬楓糖漿的木平台甚至燒焦了。幸好我們及時發現，才沒有讓火勢變得更大。

雖然製作楓糖漿耗時費力，但成品完全值得。我們成功做出來的楓糖漿濃郁香甜，不只比市售任何楓糖漿都還要好吃，還很健康。

現今很多餐廳和餐館提供的鬆餅上，淋的都是過甜又太稀的山寨版合成楓糖漿，純正的楓糖漿升糖指數（glycemic index）比蔗糖還低。升糖指數是反映食物造成血糖上升速度快慢的數值，楓糖漿的升糖指數大約是五十四，而蔗糖的升糖指數約為六十五。

此外，楓糖漿富含抗氧化物，也和莓果類、葡萄酒、綠茶、亞麻、全穀類和其他健康食物，帶有同樣豐富的健康功效。

二〇一一年，由羅德島大學娜溫德拉・塞拉姆（Navindra Seeram）博士帶領的研究團隊，在實驗室研究中發現，楓糖漿含有的健康化合物比過去以為的還多，而且楓糖漿中的多酚，有助抑制將碳水化合物轉化為糖的酵素，因此可能對抵抗第二型糖尿病有幫助。

研究也顯示，**楓糖漿有助打造健康的腸道環境，維持好菌數量平衡，能避免大腸激躁症與慢性發炎，這兩種病症都和失智症有關聯**。此外，楓糖漿的一些功效其實和葡萄酒類似，其中包含保護大腦健康、降低認知功能退化風險。

楓糖漿富含鋅、鎂、鉀和鈣等維他命。鋅能維持人體內白血球數量穩定，鎂則有助脂肪與碳水化合物代謝、鈣質吸收、血糖調節以及促進大腦與神經功能。

西方有一句俗諺說：「木材會讓你的身體暖兩次，第一次是你用力砍樹的時候，第二次是把木材丟進壁爐燒的時候。」自己做楓糖漿也能讓你感到幸福兩次，第一次是你漫步在美麗的楓葉林裡，一邊呼吸冬天冷冽清新的空氣、一邊採收楓樹汁的時候；第二次是用現磨全穀類做成鬆餅後，淋上美味楓糖漿，接著大快朵頤的時候。

楓糖漿不是唯一的健康甜味劑。蜂蜜其實也經證實和減重、改善過敏等各種健康效益有關聯，而且還有抗菌功能。蜂蜜和楓糖漿一樣，除了富含抗氧化物，也帶有大量多酚，可能有助抵抗退化性疾病，尤其是心血管疾病和癌症。加州聖地牙哥州立大學的研究人員發現，將糖改為蜂蜜餵食老鼠後，老鼠的血糖降低，體重上升幅度也趨緩。另一項研究則發現，生蜂蜜能活化抑制女性食慾的荷爾蒙。

二〇一三年的一項研究中，受試者在食用高劑量蜂蜜（每日攝取量為體重每公斤／一公克）連續八週後，過敏症狀獲得改善。有些人認為在地生產、未經過濾的生蜂蜜，對於抵禦過敏特別有效，許多病患也在吃了在地生產的蜂蜜之後，過敏症狀因而減少。

除了這些好處，天然的蜂蜜也有強力抗菌效果，自古以來便有使用蜂蜜消毒傷口的紀載。近期研究也指出這項歷史悠久的療法確實有效，有時甚至能抵禦抗藥性細菌。

蜂蜜和楓糖漿都很不錯，那蔗糖呢？

對多數人來說，從天然食物來源攝取一點糖無妨。水果會甜是因為含有天然糖份，所以非糖尿病患者一天吃幾份水果，對健康沒有壞處。那從甜食中攝取的糖，例如冰淇淋可以嗎？答案是這種糖最好適量攝取，而且最好是從生榨甘蔗攝取。

飲食中盡量避免高果糖玉米糖漿。自一九七〇年代以來，這種以玉米澱粉製成的甜味劑，就常添加在工業化食品中。另外，想食用單純以甘蔗製成的糖，最好的做法，是直接到在地市場去買一整支真正的甘蔗。

攝取大量高果糖玉米糖漿和精緻糖，可能導致體重上升，更伴隨許多健康風險，包含糖尿病和心臟病罹患機率上升。我們之前也提到，飲食含有過量糖份，可能會提高阿茲海默症和中風的罹患風險。不過，**完全不吃天然糖、改用其他人工甜味劑替代，其實**

也好不到哪裡去。例如喝添加人工甜味劑的無糖汽水，並不是個好對策。

德州大學聖安東尼奧健康科學中心（Department of Medicine at the University of Texas Health Science Center）的研究人員夏隆・富勒（Sharon P. Fowler）在多項研究中發現，喝無糖汽水和體重上升的關聯。二〇〇八年時，她分析了三千六百八十二名成人的數據，發現喝無糖汽水的人比較容易變胖。二〇一五年，針對七百四十九位六十五歲以上的成人進行研究，發現排除運動和吸菸的因素後，偶爾和固定喝無糖汽水者，體重增加的幅度是不喝無糖汽水者的三倍。

因此偶爾喝點無糖或原味汽水沒有關係，但加了點檸檬或萊姆汁的氣泡水或礦泉水，是更棒的選擇。另一個建議是喝新鮮天然的自來水。你可能不相信，但冰涼的開水加幾滴萊姆或檸檬汁，可能比你想像中的還要暢快好喝。

另一個小知識真的是一大福音，連我們都難以置信。根據美國知名保健雜誌《預防》（*Prevention*）登載的一種飲食法——每天吃冰淇淋也能照樣瘦！重點在於適量，而且一天吃下肚的其他食物都要很健康。依照這個飲食法，女性一天可以吃一杯冰淇淋，男性可以吃一・五杯。

你可能和我們一樣，不太相信真的可以每天吃冰淇淋還能瘦身，但我們之前也提到，在飲食中完全戒糖可能過於困難，有時候也不切實際。所以請盡量從蜂蜜、楓糖漿或甘蔗攝取糖，無法百分之百遵守的話，也盡量使用純正無摻雜的糖，而非人工甜味劑。另外也要坦誠面對自己，了解到我們一定會偶爾吃到糖，所以最好的做法是限制攝取量，而不是完全避免。

我們不必完全戒糖，辛苦抵抗內心對甜食的渴望。不妨用蜂蜜和楓糖漿給自己一點甜頭，偶爾放縱享受一點點純正美味的糖，為自己補充滿滿元氣。

重點整理

- 無論出生背景、宗教或種族，生來嗜吃甜食是許多人類共有的特質。
- 糖就像容易上癮的毒品，會刺激多巴胺釋放進入大腦，讓人有強烈的愉悅感，並渴望更多類似的體驗。
- 少量健康的甜食，以及適量真正的糖，能把我們對甜食的渴望，轉化為促進健康的推手，而不是必須一直對抗的敵人。
- 楓糖漿有助打造健康的腸道環境，維持好菌數量平衡，能避免大腸激躁症與慢性發炎，這兩種病症都和失智症有關聯。
- 蜂蜜和楓糖漿一樣，除了富含抗氧化物，也帶有大量多酚，可能有助抵抗退化性疾病，尤其是心血管疾病和癌症。

第7章

零脂肪，真的最健康？錯！

低脂飲食風潮之於營養主義，就好比蘇聯之於馬克思主義——前者都是體現後者的最終考驗，卻也雙雙以徹底失敗收場。

——飲食作家麥可．波倫，《食物無罪》

低脂飲食有助減重、有益健康的迷思已被破除。脂肪是人體的必須營養素，有助吸收脂溶性維生素A、D、E和K。研究顯示在適量攝取的前提下，天然的全脂乳製品、雞蛋、橄欖油、堅果和其他富含脂肪的食物都有益健康。

人們為何害怕脂肪？

一九六〇年代，世界開始向脂肪宣戰。動盪的六〇年代初期，美國心臟協會開始推廣少攝取動物性飽和脂肪及膽固醇。隨著美國在越南的戰事升溫、嬉皮反文化運動抬頭，美國社會徹底轉變，於此同時，全美的餐桌上也掀起了一波文化變革。

脂肪成了公眾健康的頭號敵人。富含脂肪但健康的食物——也就是從泥土裡長出來、富含維生素和其他養份、無添加一堆化學物質的食物，紛紛遭到超市下架，也被注重健康的人打入冷宮。

經過殺菌、均質化加工處理（編按：使互不相溶的成份成為穩定而均勻液態懸浮物的操作）的濃郁全脂牛奶遭到摒棄，取而代之的，是減脂有成的無味冒牌貨「脫脂牛奶」，此外富含益生菌和好菌的全脂優格，幾乎慘遭滅絕。而雞蛋，尤其是蛋黃，更被抹黑是膽固醇飆高的元凶。

去脂大戰一開打，滋味是第一個確認傷亡人員，但被灌輸資訊的大眾相信，為了追求健康，食物不美味是必要的犧牲。世代以來大眾被教導要遠離脂肪，才能成功減重、降血壓、降低罹患心臟病風險，享受各種健康效益。然而，這些宣稱，沒有一個能在科學的放大鏡下站得住腳，釀成去脂大戰的許多導火線，最後也被證實是子虛烏有，就和許多真實歷史戰爭一樣。

早在二〇〇一年，哈佛陳曾熙公共衛生學院中，一群頂尖的營養科學家就寫到：「低脂飲食風潮向來得到極少科學證據支持，但可能已經對人類健康造成預料之外的影響，這是越來越多人公認的不爭事實。」

這份研究並提到「對大眾而言，食物脂肪一詞，已經和肥胖與心臟疾病畫上等號，而『低脂』、『零脂』等字眼就等於促進心臟健康。但事實上，很少研究發現，**低脂飲食和心臟疾病發生率降低有關，很多研究都無法證明兩者的關聯**。」此外，「高膽固醇飲食和心臟疾病只有很小的關聯，甚至無關；也只有極少直接證據顯示，增加雞蛋的攝取量，和冠狀動脈心臟病罹患風險上升有關。」

自那時起，學界不斷提出類似的研究結論，時至今日，指出低脂飲食無益健康的證據也越來越多，顛覆大眾過去的認知。二〇一七年，一篇刊於醫學期刊《刺胳針》的研究，分析了十三萬五千三百多人的資料，這些人年齡介於三十五到七十歲，分別來自十八個國家。

此研究發現，攝取更多脂肪者，死亡風險反而大幅降低。安大略麥克馬斯特大學（McMaster University）的流行病學家安德魯・門特（Andrew Mente），告訴《紐約時報》：大眾被建議少吃飽和脂肪，建議值低到不能再低。我們的研究探討了攝取極低脂肪量的影響，結果卻顯示這樣吃可能有害。

此外，碳水化合物攝取量最低的人，比起攝取量高的人，死亡風險增加了百分之二十八。此外，脂肪攝取量最多的人（每日熱量平均百分之三十五點三來自脂肪），比起脂肪攝取量最少的人（每日熱量平均百分之十點六來自脂肪），死亡風險下降了百分之二十三。

哈佛陳曾熙公共衛生學院更在近期提出：「過去的飲食建議推廣低脂飲食，但新近研究反而指出，健康的脂肪對促進健康有其必要，也很有幫助。」此外，近期研究也指出「脂肪佔每日攝取量的比例，和癌症、心臟疾病與體重上升等任何重大健康影響，並無關聯。」

過去幾年來，我們發現如果能遵循比較天然、原始的飲食，經常攝取含益生菌的發酵食物、食用牧場飼養、肥育動物（編按：利用大量及易肥的飼料，使家畜或家禽在被宰殺前快速成長的飼養法）產製的合格生奶油、牛奶、起司和雞蛋，可以讓人健康優雅地變老，一般也不會有體重過重的困擾。

結論為，除非醫生特別指示採取低脂飲食，否則在審慎權衡下，是可以享受之前退避三舍的食物的。例如全脂（生）牛奶、全脂優格、放山雞蛋等，也不必過度計較盤子裡的食物含有多少脂肪。

雖然對抗食物脂肪大戰似乎已經結束，但在超市購物，或閱讀保健書籍列出的建議時，並沒有這種感覺。

我們之前到一家超市去採買，結果光是原味全脂優格就找了大半天，反之零脂肪的產品，倒不用特別找就能看到一大堆，像是零脂肪的餅乾、瑪芬、牛奶、起司、奶油和鮮奶油。

另外也看到其他奇怪的零脂肪替代品，甚至是替代品的替代品，例如素食火雞肉漢堡排，真的有人要吃嗎？（我們不太知道素肉怎麼調製，才能做出味道像真正的火雞肉漢堡排。）

特別諷刺的是，這些零脂肪的產品對於減重的貢獻幾乎也是零。自一九六〇年代開始，低脂飲食蔚為風潮，結果美國男性平均體重從一百六十六磅（約七十五公斤）飆升到一百九十五磅（約八十八公斤）；一九六〇年代美國女性平均體重約一百四十磅（約六十三公斤），二〇一〇年時卻已來到一百六十六磅（約七十五公斤）大關。

雖然男性和女性的平均身高都有些微成長，因此體重也會微幅上升，但這絕對無法解釋如此劇烈的數字變化。幕後推手較有可能的是，大眾對零脂肪產品的狂熱。因為在同一期間內，大眾飲食攝取的脂肪佔比，從百分之四十五降為百分之三十三。

體重計上不斷上升的數字，不是推翻零脂肪飲食的唯一證據。二〇一六年《美國臨床營養學期刊》（*American Journal of Clinical Nutrition*）的一篇研究中，分析了一萬八千四百三十八名女性的數據，發現吃下最多高脂乳製品的女性，體重過重或肥胖的風險降低了百分之八。

造成這些結果的背後原因並不清楚，有可能因為脂肪容易讓人有飽足感，所以飲食中去掉脂肪時，多數人常會以糖或碳水化合物取代。不論選哪一種，推翻零脂肪飲食有益健康的證據，幾乎和我們的實際體重一樣「有份量」。

這不代表你應該無限制地攝取脂肪，開始猛灌大杯奶昔、大口咬塗滿美乃滋的誘人漢堡。近來社群媒體上吹捧的幾項高脂飲食法，如果沒有以正確方式嚴格執行，很容易造成體重上升、引發疾病。

但在超市購物時，你的確可以不必再費心找零脂肪的標示，而可以開始喝全脂牛奶、享受全脂優格。而且根據近期研究，你也能開始吃蛋，連蛋黃都可以放心吃。

健康美味的全脂製品、Omega-3 和堅果

脂肪是人體的必須營養素，有助吸收脂溶性維生素A、D、E和K。維生素D在強化骨骼、維持心臟健康和免疫系統功能等方面扮演要角。維生素D不足可能導致發炎性腸道疾病（如克隆氏症和結腸炎）。維生素A對於擁有好視力、骨骼健康生長、皮膚健康和生殖功能都非常重要，也有助促進免疫功能。與維生素A的功能類似，維生素E有助於保護眼睛、促進骨骼健康生長與生殖功能。維生素K不只是預防血栓的重要幫手，也有助預防心臟疾病、支持骨骼生長。由此可知，**攝取脂肪並不是罪惡縱慾的象徵，而是健康飲食的必要任務。**

全脂乳製品，尤其是經檢驗認證的生乳製品，也是攝取鈣質和蛋白質的來源。雖然廣告宣稱脫脂牛奶和全脂牛奶含有一樣的營養素，而且熱量更低，但證據顯示，喝全脂

牛奶者，比喝零脂牛奶者更健康；吃全脂乳製品者，整體而言也比攝取低脂乳製品者更健康。一項針對三千三百三十三名成人的研究發現，受試者的血液如果含有高濃度全脂乳製品的副產品，罹患糖尿病的風險會降低百分之四十六。

此外，生牛奶（未經高溫殺菌煮沸的牛奶）帶有更多養分、保護身體的酵素和所謂的好菌——益生菌。在一項針對德國、奧地利和瑞士地區，共八千名兒童的研究中，生牛奶也經證實能降低氣喘與過敏的發生率。

我們一家住在山頂上的一棟木屋，沿路往下走就會看到一間酪農場。我們家幾乎只喝那間農場的農夫艾德親手擠的生牛奶。就是這些香濃美味的天然乳製品，讓我們即便在新英格蘭漫長寒冷的冬季，也能過著健康開心的生活。

以起司而言，做成低脂通常會造成許多原始養分流失，而生乳製成的起司，也許有些是從國外進口，但特別有益健康。全脂優格則是提供益生菌的重要來源，其中的活體好菌菌株有助強化免疫系統、維護腸道健康。

因為怕膽固醇過高，而好多年不敢碰的美味雞蛋呢？其實雞蛋所含的膽固醇，和血液中膽固醇濃度過高或心臟疾病都沒有關聯，蛋黃更是攝取脂溶性維生素的優質來源，而放山雞蛋又比一般雞蛋更營養健康。

就連愛爾蘭政府，也大力推廣人民攝取由牧場飼養的牛隻所產出的美味奶油，而好消息是，現今世界各地的許多超市都可以找到這種優質奶油。

除了乳製品之外，下次到超市購物的時候，不妨也找找其他健康又富含脂肪的產品。例如**Omega-3脂肪酸，這是一種對人體健康非常好的脂肪，魚類、堅果和種子都是很棒的來源**。它不只有助緩和血脂（三酸甘油脂）升高，減少因關節炎產生的關節僵硬與疼痛，也可能有助改善憂鬱情形、促進嬰兒視力與神經功能發展、減緩阿茲海默症病發，以及改善氣喘病患的肺功能。許多天然好吃的食物都含有豐富的Omega-3脂肪酸，例如沙丁魚、野生鮭魚（脂肪酸含量比養殖鮭魚高）、鯷魚，還有各種堅果（核桃的含量特別高）。

義大利某個住有許多人瑞的長壽村裡，居民常會到戶外散步、維持良好的家庭與社會關係，也會攝取迷迭香等新鮮香草和大量鯷魚。在怕吃脂肪的社會風潮下，很多人對高熱量的堅果通常避之惟恐不及，但堅果其實是營養和膳食纖維的優質來源，也有非常多研究顯示，堅果有助促進心臟健康、降低因心臟疾病和其他疾病死亡的風險。

富含脂肪的食物非常多元，對健康的效益也不勝其數。舉例來說，新鮮的初榨冷壓橄欖油，是地中海飲食的特色，也是世界上數一數二健康、長壽者每日飲食不可或缺的元素。酪梨雖然脂肪含量高，卻含有近二十種維生素、礦物質和其他養份，有助維持體內好膽固醇的濃度，也是很棒的護眼食物。椰子油不只提供美味又有益健康的脂肪，原住民族多年來也都用它來維持秀髮和肌膚亮麗。

低脂飲食熱潮下，鼓勵大眾只吃白肉和瘦肉，但動物身上還有許多部份對健康也很好。多數的文化會吃雞胗、火雞胗和肝臟等部位，但美國人通常不吃這些富含維生素的內臟。其實肝和其他內臟含有大量蛋白質及好吸收的鐵質，以及各種維生素，包含各種維生素B。這類食物通常在不同的族裔超市（編按：指不以美國文化為主流的超市）都能找到。到市場選購各類蔬菜水果之後，如果你已經偶爾有吃肉的習慣，不妨順便買一點內臟回家。

經濟因素不斷被抹黑的脂肪

等一下！有些讀者讀到這裡，可能覺得很納悶。如果零脂肪飲食的迷思已經被破除，脂肪又對健康有益，為什麼醫療、飲食界沒有大力推廣相關資訊呢？為什麼超市和營養師都沒有跟上最新資訊呢？

我們其實不知道為什麼。

在暢銷著作《食物無罪》（*In Defense of Food*）裡，作者加州大學柏克萊分校教授麥可・波倫（Michael Pollan）也探討了同樣的問題。他寫到：「不管是政府或公共衛生領域，沒有任何一個相關負責人敢站出來宣佈：過去三十年來我們不是一直告訴大家，食物中的脂肪可能造成心臟疾病、癌症和肥胖嗎？最新消息是：現在看來我們講的大概都是錯的。真的很不好意思。」

也許因為零脂肪食品產業，已經在食品界享有無法撼動的地位，所以沒有足夠的金錢誘因來改變現況。有些人認為零脂肪產品能幫助食品廠商降低成本，因為從牛奶、優格和起司萃取出的脂肪，可以用來製作其他產品。

如果真是這樣，其實也很合理，因為促成現況的背後推手的，往往就是經濟學原理。

脂肪遭到抹黑可能不是醫學界的無心之過，而是有心人士為了追求利益而刻意混淆真相。二〇一六年，一篇收錄於《美國醫學會雜誌・內科學》（*JAMA Internal Medicine*）的研究，揭發了一九六〇年代，製糖業者付錢請科學家輕描淡寫地帶過糖和心臟疾病的關聯，而把責任歸咎給脂肪。

這篇研究詳細說明了當時美國糖業研究基金會（Sugar Research Foundation），給了三位哈佛大學的科學家，包含營養學家大衛・馬克・赫格斯特（D. Mark Hegsted，後來成為美國農業部營養事務單位負責人）和哈佛大學營養系主任弗雷德里克・斯戴爾（Fredrick J. Stare），一筆約相當今日五萬美元的資金，要他們在一九六七年發表一篇針對糖和脂肪與心臟疾病關聯的文獻回顧。

而這篇影響後世甚鉅的文章刊載於《新英格蘭醫學期刊》（*The New England*

Journal of Medicine），糖因此輕鬆擺脫與心臟疾病的關聯，脂肪反倒背了黑鍋。

此外，研究中表示：「糖業在一九六〇和七〇年代贊助了一項研究計畫，成功模糊蔗糖對健康的危害，同時宣揚飲食中攝取的脂肪是引發冠心病的罪魁禍首。」

一九五四年，糖業研究基金會主席發表了一場演講時提到，如果能說服美國人為了追求健康而採取低脂飲食，屆時就需要其他食物來填補減掉的脂肪，美國的人均糖攝取量因此有成長三分之一的潛力。

一九六〇年代時，許多研究報告紛紛指出，比起其他碳水化合物，糖是比較不好的食物熱量來源，此時基金會副主席暨研究主任約翰・希克森（John Hickson）建議業者，自行資助相關研究計畫，他的論點是：「這樣就能公開研究數據，讓惡意抹黑的人啞口無言。」

到了一九六〇年代中期，希克森召集了上述提到的哈佛科學家。希克森和科學家討論研究內容，並審閱初稿，而報告完成後，希克森特別公開表達自己很滿意研究結果：「成果真的和我們想要的幾乎一樣。」這篇研究後來收錄於一份權威期刊，對各界的深遠影響也一直延續到今日。

等等，各位在迫不及待投入全脂飲食陣營之前，別忘了所有壞習慣唯有適量享受，才能發揮最佳健康效益。養成運動習慣、以蔬食（水果、蔬菜、堅果、種子與莓果類）為主，是幫助多數人常保健康的好方法。如果你有吃肉的習慣，我們建議適量攝取，也盡量吃在地牧場飼養、肥育的優質肉品。

另外，對於推崇只吃高脂肪食物、不吃其他食物的飲食法要特別小心。打個比方，在一艘人滿為患的船上，健康和營養專家其實就像乘客。大家都站到船的一側時，這些專家發現船開始進水，就會趕忙跑到另一側，大家見狀當然也跟著跑，最後還是會面臨同樣的問題。

許多所謂的專家現在開始從船的「零脂肪」一側，跑向「高脂、低碳水、食品沒有標示說的那麼神奇」的一側。在這樣的趨勢下，脂肪的迷思逐漸被破除，反倒是另一種食物開始被貼上有礙健康飲食的標籤，甚至被大眾指稱和撒旦一樣邪惡。下一章談到的食物雖然被嚴重汙名化，但對於多數人來說其實很健康，只是這個事實早已被大眾淡忘。搞不好在公眾場合你還不願意大聲說出這種食物的名字，那我們現在小聲說就好：「麵包。」

重點整理

- 過去的飲食建議推廣低脂飲食，但新近研究反而指出，健康的脂肪對促進健康有其必要，也很有幫助。
- 脂肪是人體的必須營養素，有助吸收脂溶性維生素A、D、E和K。
- 全脂乳製品，尤其是經檢驗認證的生乳製品，也是攝取鈣質和蛋白質的來源。
- 全脂優格是提供益生菌的重要來源，其中的活體好菌菌株有助強化免疫系統、維護腸道健康。
- Omega-3 脂肪酸是一種對人體健康非常好的脂肪，有助緩和血脂升高，減少因關節炎產生的關節僵硬與疼痛，也可能有助改善憂鬱情形。

第8章

麵包迷思大破解

沒有什麼比麵包更能帶給人希望了。

——費奧多爾・杜斯妥也夫斯基（Fyodor Dostoevsky）

不吃全穀類麵包不一定能讓你更健康。如果沒有診斷出麩質不耐症或嚴重過敏，固定攝取全穀類可能有助促進心臟健康、降低全死因死亡風險。使用新鮮全穀磨製的麵包，不但給人飽足感，也含維生素E和B、礦物質鐵、鎂、硒等養分。此外，其中的豐富膳食纖維，有助降低體內壞的膽固醇濃度，同時促進心臟健康。

麩質沒有你想得那麼可怕

二十年前，把吃麵包當作只能偶爾享受的美好壞習慣，應該是很荒謬的事。自古至今，多少場戰爭為了爭奪麵包開打，多少次革命因為麵包短缺爆發，而原本意為一起用餐的片語「break bread」，如今不只象徵友誼，更代表和平與相互理解。麵包曾是現代人飲食中最普遍又廣受喜愛的食物，也是家長為孩子準備早餐常用的食材。但好景不常，麵包現在可能已經淪為美國人最討厭的食物第一名。

麵包被打入冷宮的原因，全在於一個逃不了的詛咒：麩質。**麩質是存在於麥類的一種蛋白質，也是全世界攝取量名列前茅的一種蛋白質，主要由麥穀蛋白（glutenin）與醇溶蛋白（gliadin）分子結合後形成**。它使麵團產生有彈性的麵筋，賦予麵包充滿嚼勁的口感。但如今麩質已經代替脂肪，成了現代人飲食的眼中釘，也被怪罪是造成體重增加、過敏和大腸激躁症等各種問題的罪魁禍首，甚至造成美食街大排長龍，因為大家只想買無麩質的食物。（好啦，最後一個的確太誇張了。）

對於少於總人口百分之一的乳糜瀉（celiac disease）患者，或有其他嚴重麩質不耐症或過敏症狀的人，麩質的確是要避免接觸的危險成份，但**多數人應該沒有麩質不耐的問題。麩質的一些副作用被過度誇大，其實適量攝取無添加的真麵包、麩質等成份，對於多數人來說都有益健康。**

使用新鮮全穀磨製的麵包，不但給人飽足感，也含維生素E和B、礦物質鐵、鎂、硒等養分。此外，其中的豐富的膳食纖維，有助降低體內壞的膽固醇LDL（編按：指低密度脂蛋白，low-density lipoprotein）濃度，同時促進心臟健康。

二〇一七年，哈佛醫學院以六萬四千七百一十四位女性及四萬五千三百〇三位男性為研究對象，發現麩質攝取量最低的人，罹患心臟疾病的潛在風險高了百分之十五。這項讓麵包控「心花開」的研究，在結論指出：「若避免攝取麩質，可能會造成有益健康的全穀類食用量減少，進而影響罹患心血管疾病的風險。因此不鼓勵針對沒有罹患乳糜瀉者推廣無麩質飲食。」

不只如此，研究者指出，這些發現之所以讓人特別憂心，正是因為有越來越多人無故開始戒吃麩質。從二〇〇九到二〇一〇年，沒有乳糜瀉問題的人口中，只有百分之零點五二採無麩質飲食，但二〇一三到二〇一四年間，沒有罹患乳糜瀉問題，卻將麩質從日常飲食中剔除的人口比例，成長為百分之一點六九，足足躍升了三倍。

不只哈佛醫學院的這篇研究支持吃麵包，一篇二〇一六年收錄於《英國醫學期刊》（*British Medical Journal*）的報告中，研究人員爬梳了四十五篇前人文獻，指出比起不吃小麥者，每天攝取九十克全穀類的人，死亡風險降低了百分之十七。研究也提出其他證據，顯示攝取全穀類和降低下列情況的發生風險有關，包含冠狀動脈心臟病、心血管疾病、各類癌症、全死因死亡風險、呼吸系統疾病、傳染病、糖尿病，以及所有非心血管與非癌症的病因。此研究支持部分飲食指南的建議：提高全穀類攝取量，以降低慢性疾病與過早死亡風險。

另一項二〇一六年的分析，回顧了十四篇前瞻性研究，共涵蓋七十八萬六千〇七十六位受試者，發現和全穀類食物攝取量最少的族群相比，攝取量最多的族群，在全死因死亡風險上降低了百分之十六，而因心血管疾病死亡的風險也下降了百分之十八。其中的研究也指出，全穀類攝取量每增加十六克，就能降低百分之七的死亡風險。

全穀麵包與白麵包的戰爭

讀到這裡，你可能會這麼想：看來全穀類食物和麵包對健康很好，那我們常吃的麵包，裡面含的那些白麵粉究竟好不好呢？

白麵粉對健康並不好，但是偶爾吃沒有關係。有些食物，像是披薩，真的太好吃了，所以偶爾品嘗對於促進心理健康應該有利無弊。另外披薩餅皮上的番茄紅醬，富含強效抗氧化物茄紅素，而且你也同時攝取到大蒜、洋蔥、羅勒、其他香草和香料，這些都有助於抵消白麵粉的一些負面影響。

這本書想傳達的理念之一是享受人生（我們最後會花整整一章的篇幅，討論讓自己快樂有多重要），所以像是披薩、義大利麵或是讓人垂涎的三明治等，含有白麵粉的食物，作為犒賞自己的美食一點都不為過。其實，**義大利麵、馬鈴薯和其他優質的複合式**

碳水化合物，經證實有助減重。撇開其他健康效益不談，這些食物能讓人迅速有飽足感、減少餐間想吃東西的慾望。

雖說如此，上述提到的許多食物，如果能以優質全穀類產品製作，對健康會更加分。問題是過去數十年來，美國全穀類產品的品質越來越差，因為工業化的麵包生產，偏好使用便宜、製作方便、保鮮期又比較長的白麵粉。

工業革命以前，美國人能吃到各式各樣、風味多元的全穀類麵包，但到了十九世紀，開發出鋼製磨粉機來生產麵粉，一切因此改變。這項發明讓白麵粉得以量產，完全顛覆了過去人類運用和攝取小麥的方式。

雖然人類早在史書記載之前就開始吃全穀類，白麵包卻是現代社會的新產物。史前人類會咀嚼去殼的小麥粒，做出類似今天穀物麥片的食物。之後發現這些小麥粒被輾壓、捶打成麵粉糊後，放在火上烤就會硬化成為無酵麵餅。他們後來又發現（可能是意外發現），酵母加入被搗碎的小麥粒後，能用來做成發酵麵包。

麵包是能夠長時間存放的穩定糧食來源，所以如美索不達米亞和埃及等地的古文明，都是以大規模的小麥田立國。順帶一提，小麥也是今日暢銷飲料——啤酒的原料。

一粒小麥的構造可以分為三個主要部分：麩皮，是小麥最外層的表皮，富含營養與粗纖維；胚芽，是小麥的胚胎，賦予全麥麵包味道和香氣的來源；胚乳，是小麥的主要成份，負責提供胚芽養份。

幾千年來，各種製作麵粉的方法一直都完好保存小麥的三大組成，但用磨粉機生產麵粉後，胚乳體積縮水，麩皮和胚芽則被丟掉。做出來的成品是營養價值較低、味道平淡的麵包，許多健康效益也在製作過程中一併流失。以這種麵粉製作的麵包含油量也比較低，因此保存期限比全麥麵包長很多。

白麵包由於規格單一、保存期限長，變得越來越普及，之後也很不幸成為西方飲食文化的主食。二十世紀時，麵包生產過程越趨工業化，更進駐工廠形成生產線，**廠商也開始在麵團中添加更多麩質，以提升麵包的彈性並維持品質一致。因此現代人吃的麵包顏色通常比較白，營養價值比較低**，麩質的含量比我們祖先，甚至祖父母那一代吃的麵包還多。

美國目前產製的麵粉中，只有約百分之六是全麥麵粉，有些產品即便宣稱是全麥麵粉，也有造假的嫌疑。菲利斯・賈布拉（Ferris Jabra）在《紐約時報》一篇文章中寫到，許多貼上全麥標籤的產品，其實是「加工小麥」製成，廠商只是把富含油脂的胚芽和麩皮加回去，而如何在不減損品質或縮短保存期限的原則下添加胚芽，消費者也不得而知，因此手中最終產品的實際成份並不清楚。加州奧克蘭兒童醫院暨研究中心的營養科學家大衛・基利來亞（David Killilea）認為，大型麵粉廠可能透過高溫蒸氣或伽瑪射線照射，讓活胚芽失去活性。

與古時期的穀類相比，現代小麥的結構已經大為不同，所含養分也可能比較少。因此，如果能選用古老小麥品種，例如單粒小麥（einkorn）、二粒小麥（farro）及斯佩爾特小麥（spelt），身體會感謝你的。

有些人認為，改良小麥和麵包製程改變，是麩質不耐症案例增加的原因，但這個論點仍有爭議。雖然有些人的確對麩質過敏，但一些不良反應的背後元兇可能不是無辜的麩質。二〇一一年出版於《美國腸胃醫學期刊》的一項研究，以三十四名大腸激躁症患者為對象，實驗中給一部分受試者吃無麩質的馬芬，其他人吃含麩質的馬芬。由於研究採用雙盲設計（編按：為了要避免人為因素對試驗的影響，受試者與研究人員均不知道誰是試驗組、誰是對照組，使研究結果更具科學性）受試者和研究人員都不知道哪些馬芬才含有麩質。多數吃下含麩質馬芬的受試者表示出現大腸激躁症的症狀，而吃下無麩質馬芬的人則表示沒有任何疼痛情形。

這項研究被廣泛用於證明非乳糜瀉患者也可能有麩質不耐症，但在閱讀研究文章時，有一個通則是：不能馬上採信呈現出來的研究結果。果然，在一項後續研究中，同一群研究人員發現麩質應該不是罪魁禍首。問題其實是來自一群稱之為「FODMAP」的食物：發酵性寡醣（fermentable oligosaccharides）、雙醣（disaccharides）、單醣（monosaccharides）及多元醇（polyols）。

FODMAP類食物包含許多碳水化合物，例如蘋果、牛奶、冰淇淋、大蒜和洋蔥等高果糖的食物。在後續研究中，研究人員招募到三十七名表示對麩質產生不良反應的自願受試者，受試者飲食中完全除去麩質和FODMAP類食物時，沒有任何人出現異常症狀；飲食中加入麩質，但仍避免FODMAP類食物時，受試者也沒有任何不良反應。

有些人避免攝取小麥、乳製品或甜食後，會覺得身體比較健康，這些人多數情況下的確應該避免這些食物來源。但如果有需要，大家也不妨考慮自己磨去殼小麥粒，這是最健康的做法。記得別總是用現代小麥，有時候可以混合各種穀類為健康加分。

杜蘭小麥（durum wheat）很適合用來做義大利麵條，而黑麥（rye）能做出口感札實、讓人讚不絕口的好麵包。另外，有輕微麩質過敏，但未診斷出患有乳糜瀉的人，應該能放心享受像單粒小麥的古老麥類，不會有任何不良反應。

試試挑剔味覺的黑麥麵包和精釀啤酒

某個夏天，我們到紐約市東哈林區的派西披薩（Patsy's Pizzeria）創始老店吃窯烤披薩。每一塊帶有道地紐約風味的薄餅披薩，都是至高無上的享受。雖然披薩麵團是白麵粉做的，卻飽含依循古法揉製的精湛技藝，做出來的餅皮脆度與嚼勁都恰如其分，當然一定要有茄紅素滿點的番茄紅醬，才能一口把美味和營養都吃下肚。

再往紐約市中心的方向走，就會來到中央車站，車站裡的北歐美食廣場，販售著北歐風味的黑麥麵包。美食廣場的經營者是哥本哈根傳奇美食餐廳諾瑪（Noma）創辦人克勞斯．梅爾（Claus Meyer），也是《紐約時報》稱為「麵包傳教士」的知名主廚。他說：「黑麥麵包就好比法國的紅酒或義大利的橄欖油。」又補充道：「它不只是食物，更是歷史、文化和農業。」

一口咬下他的黑麥麵包，就能體會麵包古老的歷史韻味，也彷彿能預見麵包未來的無窮潛力。黑亮、札實又嚼勁十足的黑麥麵包，帶有各種豐富滋味，**是多數人不常在麵包裡發現的味道，卻是我們日常飲食中應該更熟悉的原始風味。**

由於主張選用在地食材的在地飲食（locavore）風潮興起，美國各地都有專業的工藝麵包師傅，他們天天烘烤道地實在的全麥麵包，比白麵包更營養、味道也更棒。如果住家附近找不到優質的麵包店，自己做麵包也不失為一個好方法。

我的小孩長大過程中，家中常會飄散濃郁的小麥香，可能是剛出爐的全麥麵包，可能是手工全麥義大利麵，或是餅乾、格子鬆餅、煎餅等全麥點心，都是用廚房裡那台小型磨粉機，新鮮磨出的小麥粒做成。

自製的全麥麵包蓬鬆，帶有表皮酥脆、內裡鬆軟的豐富口感。全麥義大利麵的味道，媲美我們走訪過的許多餐廳，全麥煎餅好吃到至今還沒有遇到對手，也讓我們從此開始嫌棄白麵粉做的煎餅。

如果你現在沒有吃全麥或全穀類食物的習慣，可能要先重新訓練自己的味蕾。這個過程就像喝精釀啤酒和淡啤酒，淡啤酒比較容易上手，整體而言風味平淡，所以也沒什麼特別好挑剔的地方。不過一旦你愛上印度淡色艾爾啤酒（IPA）、酸啤酒、司陶特黑啤酒（stout）和其他精釀啤酒之後，就會開始覺得淡啤酒就像加水稀釋過的酒，再也喝不下去了。

買麵包時，盡量到自磨麵粉的麵包店，或從在地有機商店買現磨麵粉的麵包店。更好的做法是像之前所建議：自己磨麵粉、自己烘焙天然發酵的酸種麵包。但做不到也沒關係，盡量選購百分之百全穀類的麵包就足夠。

走訪中央車站的北歐美食廣場後，我們抬頭一望，欣賞圍繞城中區的一片秋日晴空，不禁想起文學家愛默生的文字：「天空是眼睛每天需要的麵包。」我們感激自己能與好友和家人一起享用麵包和美食，也期許自己能更寬容忍耐生活中的人事物，例如接納很多人「不耐」的可憐麩質。

重點整理

- 麩質是全世界攝取量名列前茅的一種蛋白質，主要由麥穀蛋白與醇溶蛋白分子結合後形成。
- 麩質的一些副作用被過度誇大，其實適量攝取無添加的真麵包、麩質等成份，對於多數人來說都有益健康。
- 義大利麵、馬鈴薯和其他優質的複合式碳水化合物，經證實有助減重，撇開其他健康效益不談，這些食物能讓人迅速有飽足感、減少餐間想吃東西的慾望。
- 如果能選用古老小麥品種，例如單粒小麥、二粒小麥及斯佩爾特小麥，身體會感謝你的。

第9章

原來吃早餐有助減重──「VIP不節食飲食法」

在屋裡的生活，很難有比食物豐盛又擺放整齊的早餐更美好的事了。

──納撒尼爾・霍桑（Nathaniel Hawthorne）

吃早餐有助心臟健康和減重，所以，好好吃一頓天然又營養的早餐吧！

別再盲從時下流行的減重飲食法，因為多數飲食法並不能維持減重效果。另外，過瘦不一定就比較健康。要為健康加分，其實有很多新鮮、天然又好吃的食物可以選擇。

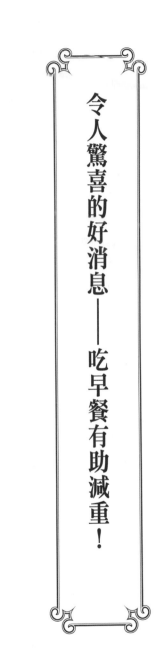

令人驚喜的好消息──吃早餐有助減重！

我們要和大家宣佈一些好消息還有壞消息。壞消息是多數減重飲食法長期下來無法避免復胖。不過好消息是，**稍微過重的人應該比紙片人健康，而吃豐盛的早餐能幫助減重和促進健康**。最後一句實在太讓人開心了，值得我們再強調一次：吃早餐不但是個享受，也對健康好處多多。

沒有吃早餐的習慣也沒關係，但前提是，你不會因此在接下來的一整天大吃高熱量、沒營養的食物。二〇一七年，加州羅馬琳達大學公共衛生學院（Loma Linda University School of Public Health）分析了五萬名成人的飲食習慣，發現越早吃當天份量最大的一餐者，身體質量指數（ＢＭＩ）可能比較低，而且比起不吃早餐的人，有吃早餐習慣的人體重通常較輕。研究結論寫到：「結果顯示，在相對健康的成人受試者中，進食頻率較低、不吃餐間點心、有吃早餐習慣、在上午吃份量最大的一餐，可能是避免長期體重上升的有效方法。」

建議大眾別挨餓、別不吃早餐的研究文獻不少，這只是一篇較新的研究而已。位於以色列特拉維夫的渥夫森醫學中心，也在小型臨床試驗中得出類似結果。他們以數十名肥胖女性，進行每日熱量限制於一千四百大卡的減重飲食法，飲食內容完全相同，但受試者依據攝取大部份熱量的時間點分成兩組。

其中一組早餐吃了七百大卡、午餐五百大卡、晚餐兩百大卡，另一組則以相反順序進食。操作十二週之後，雖然兩組受試者體重都下降，但大份量早餐組減掉的重量，是大份量晚餐組的二・五倍。

科學家還不完全清楚是什麼原因造成這種結果。不過，人體分泌胰島素的功能似乎在早上比較發達。換言之，**和吃早餐相比，我們的身體在吃晚餐後，可能比較容易儲存脂肪。**

加州聖地牙哥索爾克生物研究所薩欽・潘達（Satchidananda Panda）博士，向《紐約時報》表示：「如果在早上將大劑量葡萄糖注射到一名健康成人體內，血糖濃度升高後，會維持約一到兩小時，之後恢復正常水平。同一名健康成人，改成在深夜注射等量葡萄糖，這個時候胰臟已經進入睡眠模式，沒辦法分泌足夠的胰島素，血糖濃度會維持在高點最多三小時。」並且，他說這個情形過去曾被稱為「晚間糖尿病」。

羅馬琳達大學的研究人員也發現，體重控制和以下有所關連：提早吃晚餐，及晚間空腹時間拉長。一天的最後一餐，和隔天早餐之間相隔十八到十九小時者，有最低的BMI值。

晚間斷食對健康有明顯效益，因此在白天多吃一點（吃大份量早餐），或提早最後一餐，都有助於延長夜晚斷食的時間。一項實驗室老鼠研究發現，能無限制吃高脂肪食物的老鼠，在九到十週內不只變得肥胖，還罹患糖尿病；另一組一天只能在八小時內攝取高脂肪食物的老鼠，雖然吃進的熱量，和整天都能大吃的老鼠一樣，卻沒有變胖或罹患糖尿病。

除了幫助減重，吃一頓豐盛營養的早餐還有其他健康效益。

一項二〇一七年出版於《美國心臟病學會期刊》（*Journal of American College of Cardiology*）的研究發現，比起每天吃早餐的人，固定不吃早餐的中年成人，比較有可能發生動脈阻塞。研究人員分析了一共四千〇五十二名自願受試者，男女兼有，且沒有罹患任何心血管疾病或慢性腎臟病。接下來的研究結果，一定會讓你想去翻祖傳的鬆餅食譜，天天做早餐。

研究發現，與吃早餐的人（早上吃下的食物佔每日熱量攝取分之二十者）相比，不吃早餐的人（早上吃下的食物只佔每日熱量攝取百分之五長）和吃低熱量早餐的人（早上吃下的食物，佔每日熱量攝取百分之五到二十之間者）發生動脈硬化與管腔狹窄的頻率比較高。

此外，不吃早餐和早上少量進食的受試者中，觀察到較多的心臟代謝危險標記，因為大體上這些人不只腰圍較寬，ＢＭＩ值、血壓和血脂都較高，空腹血糖數值也較高。

研究主持人瓦倫汀・弗斯特（Valentin Fuster）在一份研究中表示：「習慣不吃早餐的人，通常整體生活方式也比較不健康。」他也補充：「這項研究證明了，不吃早餐是大家能積極改變的壞習慣，有助於降低心臟疾病風險。」

我們和你保證，到目前為止，這一章引用的研究文獻，都沒有受任何早餐食品公司贊助。雖然吃早餐的重要性在營養界仍是備受爭議的話題，有些研究結果也顯示，吃早餐的減重成效參差不齊，但支持吃早餐的科學證據還是不勝枚舉。

美國心臟協會更因此在二〇一七年發佈一份科學聲明稿，鼓勵大眾養成吃早餐的習慣。聲明稿中，紐約市哥倫比亞大學營養醫學副教授瑪麗・皮埃爾・聖安琪（Marie-

Pierre St-Onge）表示：「用餐時間會影響人體的生理時鐘運作，因此可能對健康也有影響。動物研究顯示，動物在睡覺時或其他不活躍的狀態下，如果獲得食物，體內的生理時鐘就會重新調整，藉以改變養份代謝機制，因此造成體重進一步上升，導致胰島素阻抗和發炎情形。」

她也指出吃早餐與減少心臟疾病危險的關聯，說到：「研究發現，每天吃早餐的人比較不會罹患高膽固醇和高血壓。而不吃早餐的人，也就是美國約二到三成的成年人，比較可能有肥胖、營養不均衡、葡萄糖代謝機制受損的問題，或診斷出患有糖尿病。」

如何避免復胖才是減重關鍵

現在來談談問題一堆的減重飲食法。飲食法和狂熱的宗教崇拜非常相似，通常由一位魅力十足的領導者號召發起，之後成功體驗到效果者開始大力推廣，讓許多人相信這套方法，就是成功減重的唯一真理，進而成為死忠追隨者。

宣揚各類飲食法的出版品和部落格文章如雨後春筍，每年都有越來越多的書籍、網站和減重專欄推陳出新，內容可能多到花一輩子都讀不完。每一篇文章、每一本書，都宣稱自家的瘦身法能有效減少吃下的熱量，也比其他飲食法都好。

雖然坐下來閱讀有很多好處，但絕對沒辦法幫你減重。這些書和文章無非是鼓勵大家節食、排毒、控制進食份量，才能淨化身體並獲得健康。然而，不用統計學家特別說明，我們都知道雖然人人都想瘦身、各類減肥法滿天飛，人均腰圍還是越來越寬，距離拍婚紗照的好身材還有好一段路要走。

這些減重飲食法為什麼對多數人來說都沒有效？**其實並不是這些飲食法沒效，而是長期來說效果不大。**如果你遵循大多數的飲食法，體重的確會下降，但這麼說其實有個超大前提。近期研究顯示，飲食法基本上完全沒辦法避免復胖。

英國一項為期九年、針對二十七萬八千九百多人的研究，有一項驚人發現：肥胖的人很難在研究期間維持體重不復胖。每二百一十名男性受試者中，只有一人成功；女性則為每一百二十四人中，只有一人成功。研究者表示：「維持正常體重或避免復胖的機率很低。現行基層醫療體系提供的肥胖治療機制，可能效果不彰。」

這項研究不免讓人沮喪，但如果你也有復胖的困擾，沒關係，接下來的內容能讓你開心點。以醫學角度而言，稍微過重似乎對健康沒有大礙。近期由丹麥哥本哈根大學醫院進行的一項研究，分析了超過十萬名成人，發現BMI值結果為「過重」的人，比起結果為「肥胖」、「健康」或「過輕」的人，比較可能活得長壽。

另一項由加州大學洛杉磯分校和聖塔芭芭拉分校（Santa Barbara）所共同主持的研究中，發現超過五千四百萬名美國人，即使血壓和血液檢查都呈現健康數值，BMI指標卻誤判為「不健康」。研究也顯示，因BMI結果被斷定為「過重」的美國人，近半數（百分之四十七‧四）其實健康狀況良好。另外，檢測結果為「肥胖」的一千九百八十萬人也很健康。反倒是BMI值介於「適中」範圍的族群，有超過三成（約兩千零七十萬人）的人其實並不健康。

BMI值的計算方式是一個人的體重除以其身高的平方，而上述研究結果，雖然成功撼動了BMI測量工具放諸四海皆準的地位，卻沒有實際證明過重比過瘦來得健康。研究只有提出，過重不一定就是比較不健康。很可能只要能固定運動、避免久坐，而且體重維持在正常範圍或稍微過重，都會比過瘦的人健康。

赫爾辛基大學的教授烏拉‧卡克凱南（Ulla Kärkkäinen）針對四千九百名成人進行了一項研究，發現三餐定時，且過去沒有採行任何減重飲食法的人，和「年輕女性與男性成功維持體重」存在關聯。《紐約郵報》（*New York Post*）的一篇文章引述卡克凱南的觀察，指出：「實務上常鼓勵大家減重瘦身，但我們的大規模人口研究結果顯示，減重並不是能長期有效管理體重的方法。」

一項刊於《新英格蘭醫學期刊》（*New England Journal of medicine*）的研究發現：「蔬菜、堅果、水果和全穀類等特定食物的攝取量增加時，和增重幅度減少有關聯。攝取上述食物者，長時間下來，體重上升的幅度有限。攝取優格者，在三個世代中都顯示與增重幅度減少有關。」對此我們大表贊同。

讓人更開心的是，一項由加州大學爾灣分校（Irvine）進行的頂尖研究，各為「長壽九十研究」，以高齡人瑞為對象，旨在探討長壽的祕訣。他們的主要發現包含「適量喝酒或咖啡的人比滴酒不沾、不喝咖啡的人活得更久」，以及「七十幾歲時過重的人，比體重正常或過輕的人活得更久。」

坊間有成千上萬本推廣各種瘦身飲食法的書籍，但我們這本不是。就我們所知，目前還沒有人能確切提出一套絕對有效減重又避免復胖的方法，所以別覺得自己一定要跟上最流行的減肥風潮，或是一定要超級瘦才健康。但這也不代表你應該努力養成過胖體態。雖然「稍微過重等於不健康」的觀念已經被顛覆，但是嚴重過重肯定對健康沒好處。前述關於體重和健康的科學知識，應該能讓你擺脫減重瘦身的的枷鎖，不再只追求瘦身飲食熱潮、著眼於短暫的減重成效，而是把重點放在讓整體生活更健康、更快樂。

我們相信不論生活、工作，或培養生活習慣，都應該圍繞著「活得更健康」這個主軸。因此，飲食以健康食物為主、多健行爬山，多放鬆玩味生活，除了享受書裡談到的壞習慣之外，也別忘了多攝取蔬菜水果和發酵食物。

最符合人性的「VIP不節食飲食法」

許多減肥法推廣的食物，其實對減重或促進健康的效益非常有限，就像前幾章中，我們深入討論的零脂肪食品一樣。又例如在談甜食的章節中，我們提到零卡汽水很不健康，也對維持體重毫無幫助，所以請避免這些宣稱有助「瘦身」的食品，而切記真正的健康飲食，通常會讓你吃得開心又健康。

為了幫助各位讀者記憶，**我們設計一個方便實行的飲食計畫，整合三種有效的營養飲食法，稱作「VIP不節食飲食法」**。在這個簡單的計畫中，以蔬食和穀類為主的素食飲食法，結合了原始人飲食法（編案：以未加工的食物為主，可吃草飼和肥育牛肉、生乳製品與發酵乳製品的飲食法），以及風味多元、樣式豐富的地中海飲食法。

為了幫助你了解如何執行，請想像三個互相交疊的圓形，每一個圓裡各是一種飲食法或飲食計畫允許能吃的食物。

三種飲食法交疊處的食物通常對健康最好，例如，三種飲食法都包含蔬菜和水果（含有發酵或無發酵），還有豆類和豆莢、堅果和種子、健康油脂和脂肪、放山雞蛋（奶蛋素者適用）、優格和起司。

這些食物能為健康大大加分，如果沒有特殊過敏情形，不妨充分攝取。當然，每個人的健康和營養需求可能不同，所以有些食物雖然只在其中一個或兩個圓裡，還是能視需要，納入個人的健康飲食計畫中。

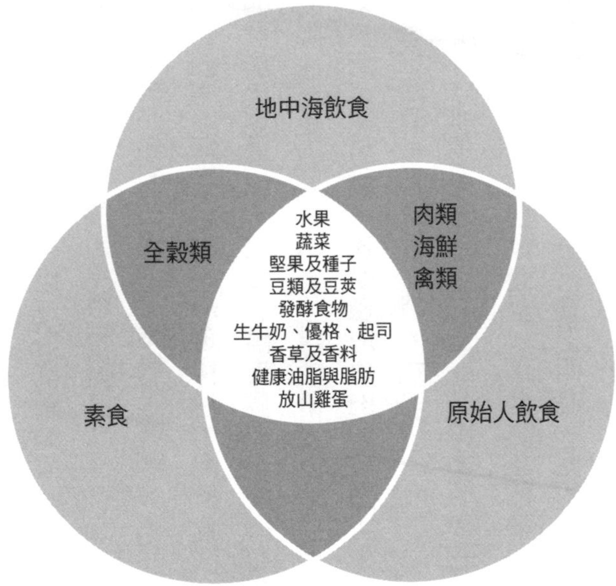

VIP不節食飲食法

這個飲食計畫裡的許多食物都非常健康，再怎麼吹捧都不為過，尤其是三個圓交疊處的食物。舉例來說，屬於蔬菜類的大蒜含有豐富的營養價值，例如維生素C、B_6和鎂，也能加速感冒痊癒，有助降血壓、改善膽固醇濃度，以及對抗感染。我們發現許多長壽高齡族，都會吃大量的蒜頭和其他辛香類蔬菜，例如洋蔥和胡椒。

總之，你吃進身體的東西能夠發揮和藥物一樣的功效，這點無庸置疑。

一項大型臨床試驗，研究了七千四百四十七位受試者，發現採地中海飲食法，能為高風險族群降低約百分之三十的心臟病發與中風機率，以及心臟疾病引起的所有死亡風險。成效就和服用史他汀類（statin）的降血脂處方藥差不多。這項研究對地中海飲食的定義為「大量攝取橄欖油、水果、堅果、蔬菜與穀類；適量攝取魚肉和禽類；少量攝取乳製品、紅肉、加工肉品與甜食；另外適量飲酒，且隨餐配酒。」

這個飲食法中的各項食物，我們並沒有特別建議攝取量，因為它其實不算是減重飲食法。多數飲食法的原則毫無依據，大多數人也很難長期遵循。因此真正的要訣就是享受每一口食物、不要吃過量，而且吃下肚的食物應該讓自己覺得開心，而不是罪惡或後悔。

各位書架上那些沾了灰塵的瘦身飲食書，對你的健康八成沒有任何幫助，但先別急著丟，把幾本書綁在一起，就能當成啞鈴用來做運動。活動筋骨固然好，但也別太求好心切，因為有時候運動就和減重瘦身一樣，優點被誇大渲染，但過度追求可能適得其反，我們在之後的章節就會談到。

重點整理

- 沒有吃早餐的習慣也沒關係，但前提是不會因此在接下來的一整天大吃高熱量、沒營養的食物。
- 人體分泌胰島素的功能似乎在早上比較發達。因此和吃早餐相比，我們的身體在吃晚餐後，可能比較容易儲存脂肪。
- 目前還沒有人能確切提出一套絕對有效減重又避免復胖的方法，所以別覺得自己一定要跟上最流行的減肥風潮，或是一定要超級瘦才叫做健康。
- 「VIP不節食飲食法」，整合地中海飲食、原始人飲食和素食等三種最健康飲食法，是最有效、最符合人性的的飲食瘦身法。

第10章

來點發酵食物，有助改善憂鬱症

講話酸溜溜的女人能做上等的酸黃瓜。

——美國作家麥可・謝朋（Michael Chabon）

醃黃瓜、德國酸菜等發酵食物，以及各類醃菜和手工優格都富含營養，能提供人體微生物群系各種好菌，有助改善消化問題、抵禦其他各式各樣的病症。但要注意市售的發酵食物，是否為天然乳酸菌發酵而成。偶爾在自家廚房也可以嘗試做做看，幾乎任何一種蔬菜都能輕鬆做出健康的醃菜。

乳酸桿菌製造出的超級食物

我的兒子哈里從小在布魯克林區長大，常會到街角一家賣開胃小點的雜貨店。這些傳統小吃店和貝果店，成了紐約市傳統精髓的一部份，店裡通常會有巨大的木桶，裡面裝滿醃黃瓜，是任何一種熟食三明治的經典配料。你可以把手直接伸進木桶裡，抓取那些天然發酵製成、無比好吃的醃黃瓜。

醃漬過程不只保存了小黃瓜本身、賦予它恰到好處的酸味，也讓小黃瓜成為多數人都應該多攝取的「超級食物」。說話酸溜溜的確惹人嫌，但吃點酸溜溜的醃漬食物，其實對健康有很多好處。

人類製做發酵食物和飲料已經有千年歷史，但直到近期，我們才開始對發酵的過程有初步了解。廣義而言，發酵是細菌、酵母菌或其他微生物，將葡萄糖等分子分解的化學反應。無法細數的幾千年來，發酵過程一直在環境中自然發生，而有證據顯示，人類自第一次調製酒精飲料以來，將發酵過程運用於烹飪至少已經有一萬年的歷史。不過，要一直到十九世紀中期，我們才開始了解酵母和其他微生物如何扮演無形的推手，啟動整個發酵過程。而以上的新知識，大多要感謝知名法國化學家與生物學家路易・巴斯德（Louis Pasteur）的研究。

這些肉眼不可見的細小微生物，也對我們的健康非常重要。人體內隨時都有數十億個活躍的細菌，組成了微生物群系（microbiome）。這個複雜的生態系統，影響了我們的消化和整體健康，而其中的機制和關聯，是人類才剛開始抽絲剝繭的謎團。不健康的微生物群系，可能和自閉症、各種情緒失調症，以及許多症狀和疾病有關聯。而攝取發酵食物，有助維持體內微生物群系運作順暢。

我們在前面章節已經談到，飲用各種發酵飲料和酒類，能帶給人的快樂和潛在健康功效，而這一章主要討論蔬菜和水果的發酵過程，並說明吃天然純正的醃漬物，對我們的健康有什麼好處。

以葡萄酒、烈酒和啤酒而言，發酵的過程發生在酵母將糖（存在於葡萄等水果和穀類中）分解轉化為酒精的時候。

以食物發酵而言，最常見的發酵類型是乳酸發酵（lacto-fermentation）。雖然有個「乳」字，但乳酸發酵和牛奶完全沒有關係。乳指的是乳酸桿菌（lactobacillus），這種細菌存在於多種植物表面，以及人類和其他動物的胃腸道和生殖泌尿道裡。在發酵過程中，乳酸桿菌將糖轉化為乳酸，賦予發酵食物特有的酸味。乳酸桿菌是多種酸啤酒的酸味劑，也是製作酸優格的細菌之一。

除了創造出美妙的酸味，乳酸也是一種天然防腐劑，能避免壞菌生成，進而延長各種食物的保存期限。發酵過程也保存了維生素和酵素成份，且能提供身體有益健康的好菌。

其實，醃菜是大自然提供的一種絕佳健康秘方。前文提到，**發酵過程會將已經對健康很好的蔬菜等食物加以催化，加乘其健康效益**。醃菜不只更好消化，也能滋養人體腸道中的好菌。

無添加糖、以全脂牛奶製成的天然優格，也是好消化又營養的超級食物，它富含益生菌活菌、重要維生素與礦物質，例如鈣、鉀、維生素B_5、B_{12}、核黃素，當然還有蛋白質。

發酵食物有助改善腸胃病與憂鬱症

我們看到許多病患，光是吃天然發酵的手工優格和各種醃菜，病情就有改善。尤其是**患有大腸激躁症和發炎性腸道疾病的患者，在飲食中納入大量發酵食物後，病情便有大幅改善**。

二〇一六年時，一篇刊載於《生物科技當代評述》（*Current Opinion in Biotechnology*）的研究指出：「雖然目前僅有少數針對發酵食物的臨床研究，但有證據顯示，這些食物提供的健康效益，遠遠超過食物原料本身。」

二〇一四年，《生理人類學期刊》（*Journal of Physiological Anthropology*）中的一篇研究指出：「新興研究認為，主要吃原型食物的傳統飲食方式，與良好心理健康存在關聯，而發酵食物可能和這類研究特別有關。」並補充說明：「在某種程度上，人體微生物菌叢能決定傳統飲食減緩發炎和降低氧化壓力的效用。我們認為發酵經由適度控制，往往能強化食物中的特定養分和植化素（phytochemical）成份，這些成份可能和心理健康有關。此外，我們也認為和發酵食物有關的微生物（例如乳酸桿菌和比菲德氏菌菌種），也可能影響大腦健康。」

這項研究證明了，較偏向傳統飲食者，心理健康狀況較佳，罹患憂鬱症的機率也降低。一項研究中，由研究母體隨機選出一千零四十六名女性，年齡介於二十到九十三歲之間，發現依年齡、社經地位、教育程度與健康相關行為調整後，主要攝取蔬菜、水果、肉類、魚肉和全穀類的「傳統」飲食，和重度憂鬱症、輕度憂鬱症與焦慮症機率降低有關聯。

另一項在西班牙進行的研究，分析了超過十萬名成人，發現採行地中海飲食法者，較不會罹患憂鬱症。箇中原因不難理解，地中海飲食被普遍認為有助改善發炎與血管問題，而這兩者都是臨床憂鬱症的危險因子。

自古以來許多傳統文化都會攝取大量的發酵食物，這是因為冰箱是近代的發明，因此古時製做醃漬食物是出於必要。

請攝取各種醃菜、啤酒和蘋果酒

可惜的是，並非所有發酵食物都一樣好。例如超市販售、工業化量產的德國酸菜和醃黃瓜，大多是以醋醃漬或保存，且添加了糖和防腐劑，有些甚至根本沒有經過任何發酵。因此，這些食品可能缺乏所有好菌，或不像傳統工法製成的醃黃瓜、德國酸菜和其他發酵食物一樣健康。

所幸，近來大眾開始崇尚吃天然的原型食物，古早味發酵食物得以東山再起。這幾年在許多小農市集和雜貨店，都能買到美味的醃黃瓜、德國酸菜，還有許多天然發酵的醃菜。

因此購買時，記得選擇天然乳酸發酵的醃菜。如果買不到優質的醃菜，或者想探索奇妙的發酵世界，其實在自家廚房就能輕鬆製作。幾乎任何一種蔬菜都能醃漬，不一定專屬於小黃瓜。你也可以用豆類、四季豆、綠花椰菜、白花椰菜，或是其他各類蔬菜來發酵，過程一點也不花時間。

可以的話，最好用未均質的生牛奶（編案：未經過均質機處理過的牛奶）自己做優格。而市售優格，記得選用草飼牛奶製成的全脂優格。

如果找到日後能定期攝取的優質發酵食物，品嚐它們時，不妨搭配一杯發酵飲料。**康普茶（kombucha）是近來很受歡迎的發酵茶飲，一般來說不含酒精。**啤酒和蘋果酒也是很不錯的發酵飲料，而各種酸啤酒，就如之前提到的，和優格一樣，通常是以野生酵母和乳酸桿菌製成，也能促進腸道健康。

現代人如果能依循前人的做法，攝取更多發酵食物的話，想必是好處多多。盡量在每一餐都吃點醃黃瓜、醃菜或優格，也許就能為自己的健康加分不少。而且醃黃瓜如果和我們當時在布魯克林區買到的一樣好吃，你不只能吃得健康，也會加倍開心。**照著自己身體的感覺走，也別忘了攝取美味的發酵食物來照顧腸胃健康。**

重點整理

- 發酵是細菌、酵母菌或其他微生物，將葡萄糖等分子分解的化學反應。
- 以葡萄酒、烈酒和啤酒而言，發酵的過程發生在酵母將糖分解轉化為酒精的時候。
- 患有大腸激躁症和發炎性腸道疾病的患者，在飲食中納入大量發酵食物後，病情便有大幅改善。
- 天然優格也是好消化又營養的超級食物，富含益生菌活菌、維生素、礦物質，以及蛋白質。
- 發酵過程中，會將已經對健康很好的蔬菜等食物加以催化，加乘其健康效益。

第11章

餵母乳的寶貝，免疫力與智力都高人一等

我靠餵母乳成功減重，也鼓勵女性餵母乳；
餵母乳對寶寶非常好，對媽媽也很好。
——美國歌手碧昂絲

餵母乳對寶寶健康有益，能減少疾病發生、強化免疫系統，對母親也有很多好處。哺餵母乳的好處和相關建議實在太多，廣受推崇的國際母乳會（La Leche League International）提供了非常豐富的資訊，值得我們去了解。

對寶寶和母親都好的母乳哺餵

對寶寶來說，喝母乳可以說是一種難能可貴的壞習慣，寶寶生來就喜歡母乳，母乳也對嬰兒健康很好。全天下的媽媽實在都該勤餵母乳，然而，多數並沒有依循聯合國世界衛生組織的一般建議，以純母乳哺餵至少六個月。

幾十年來，許多嬰兒無法獲得母乳哺餵。從二十世紀初開始，特別是在北美地區，餵母乳逐漸不受大眾歡迎。許多醫學界和非醫學界的人士，都認為餵母乳是一個麻煩、一種不得體也沒必要的行為。戰後嬰兒潮世代出生的嬰兒，通常是吃配方奶粉長大，雖然宣揚奶粉和母乳一樣好的廣告滿天飛，奶粉實際上還是不比母乳健康。

嬰兒奶粉之所以越來越盛行，部分原因在於奶粉公司無所不用其極地，向全世界的媽媽和醫療專業人士行銷自家產品。美國媒體《商業內幕》（*Business Insider*）

的一篇文章中寫到：「為了鼓勵醫院發放奶粉作為產婦的『出院禮品』，醫院通常會收到奶粉和奶瓶之類的免費贈品。」一篇一九八二年刊於《新國際主義者》（*New Internationalist*）雜誌的報導，同樣地分析了奶粉公司的行銷方式，指出其中最陰險的方式，就是廠商會找出哪些醫療院所，正在擴建或整修以供新生兒照護使用，然後提供醫院免費的建築服務……嬰兒奶粉公司會斥資上百萬美元資助辦公室裝潢、研究計畫、禮品、會議、出版品，還提供醫療專業人士招待旅遊。

現今醫學界則看法一致，認為對健康的母親來說，餵母乳的確能給孩子最好的營養。美國兒科學會（American Academy of Pediatrics）建議嬰兒出生後，母親應持續哺餵母乳至少十二個月，後續可依母親和嬰兒喜好繼續哺餵。世界衛生組織則建議，持續哺餵母乳直到嬰兒滿兩歲以上。

然而，依現況看來，多數母親並沒有照著這些好建議餵母乳。《時代》雜誌於二〇一五年報導：「母乳是活性物質，富含強化免疫力與抗發炎的化合物，有助發展人體免疫系統和健康的微生物群系。」該文章也提到：「另一方面，嬰兒奶粉似乎也會改變腸道微生物，這並非正面影響。研究顯示，比起喝奶粉的嬰兒，獲得母乳哺餵的寶寶體內有更多自然殺手細胞，而這種免疫細胞能鎖定癌細胞並加以破壞。」另外，「有動物研究發現，母乳所含的幹細胞可能和胚胎幹細胞相似，表示這些幹細胞能在嬰兒體內，視需要分化成不同功能的細胞。」

微生物群系研究人員傑克・紀伯特（Jack Gilbert）和羅布・奈特（Rob Knight）在著作《髒養》（*Dirt is Good*）一書中談到：「許多研究顯示，母乳哺餵的嬰兒比非母乳哺餵的嬰兒更健康，比較不會有耳部感染、感冒和腹瀉發生。喝母乳的寶寶免疫功能也比較好、智力測驗分數比較高，罹患肥胖的機率也可能比其他寶寶低。」

嬰兒正在發育的腸道內存在微生物，而母乳對嬰兒非常好的主要原因，是它提供了這些微生物所需的養分。紀伯特和奈特指出：「人類母乳含有各種複雜醣類（也就是寡醣），這就是它勝出的關鍵。牛、山羊、綿羊和豬的奶水所含的寡醣濃度，比人類母乳低了一百到一千倍左右。」

哺餵母乳對媽媽也好處多多，其中包含產後更快恢復身材、釋放有助和寶寶培養親密感的催產素，以及降低特定癌症的風險。

研究曾顯示，長時間哺餵母乳，有助降低母親罹患乳癌及其他罹癌風險。而二〇一七年五月，世界癌症研究基金會發佈的一篇研究，支持了上述論點。這項大規模整合研究，分析了一百一十九篇全球研究，樣本總數共有一千兩百萬名女性，與二十六萬個以上的乳癌案例。該研究認定哺餵母乳能大幅降低乳癌風險。世界癌症研究基金會的資深科學計畫主任蘇珊娜・布朗（Susannah Brown）寫到：「我們建議母親在嬰兒出生後，以全母乳（沒有其他食物或飲料）哺餵六個月。這項建議與世界衛生組織哺餵母乳的建議，以及聯合國發佈的「嬰幼兒餵食全球對策」（Global Strategy on Infant and Young Child Feeding）方向一致。」

餵母乳也有助兒童預防癌症。一項整合分析研究，綜觀了十八篇文獻，發現與從未獲得母乳哺餵或哺餵時間較短的兒童相比，餵母乳和兒童時期罹患白血病機率降低百分之十九有關。

布朗和世界癌症研究基金會發現，喝母乳的兒童長大為成人後，比較不會有過重或肥胖的問題。這降低了罹患多種癌症的風險。

簡言之，母乳是大自然創造的完美食物。哺餵母乳的好處和相關建議實在太多，我們在這一章無法逐一說明。許多值得信賴的組織單位，提供非常豐富的資訊，其中一個歷史悠久、廣受推崇的是國際母乳會，這是一個致力於提供母親哺乳協助的國際組織。

今日仍存在的餵母乳困境

哺餵母乳對寶寶的好處幾乎獲得公認，但是由於社會對餵母乳普遍存有偏見，許多媽媽要哺乳時仍面臨許多挑戰。在多數公共場所，餵母乳會被旁人視為不雅，甚至遭到禁止。暫且不論目的為何，這些政策不只汙名化為人母這件事，也讓母親很難、甚至完全無法提供寶寶最佳營養來源。

在我們教課的一所大學，教職員手冊裡有一條規定寫到：「哺乳必須在專設的『哺集乳室』進行。」哺集乳室雖然被列為福利設施，但這項規定背後的訊息其實很明確：哺集乳室的確能提供哺乳母親隱私，但也是校園裡唯一允許哺乳的地方。

這項規定不會造成多數老師或學生的麻煩，但帶著孩子上班或上課，或者在家集乳的媽媽，不應該因為想給孩子最健康的食物，就被迫隔離。想像一下，今天如果餵孩子吃水果或青菜都得隔離，會是什麼處境？

這些對哺乳的負面態度加上其他錯誤觀念，造成了今日這個現況：多數嬰兒獲得母乳哺餵的時間，並未達到美國兒科學會或世界衛生組織的建議標準。根據最新公佈的報告，雖然百分之八十一的母親一開始有哺乳，但嬰兒滿六個月大後，只有百分之五十一仍繼續哺乳；嬰兒十二個月大時，只有少於三分之一（百分之三十點七）的母親持續哺乳。

此外，七成的女性並沒有依照世界衛生組織的建議以全母乳（不餵其他食物或飲料）哺餵至少六個月。世界衛生組織指出：「餵母乳是提供嬰兒理想食物的絕佳來源，有助嬰兒健康成長與發育；餵母乳也是生殖過程很重要的一環，對於母親的健康有重大影響。文獻回顧顯示，就全體人口而言，以全母乳哺餵六個月是餵食嬰兒最好的方式。」

為了能持續以全母乳哺餵至少六個月，世界衛生組織建議：

- 在嬰兒出生一小時內開始餵母乳。
- 全母乳哺餵：嬰兒只喝母乳，不攝取任何其他食物或飲料，也不喝水。

- 視需求哺乳：嬰兒有需要便哺乳，不分時段。
- 不使用奶瓶或奶嘴。

餵母乳、常抱嬰兒，以及不讓寶寶哭到睡著都是我們非常認同的原則，所有準媽媽也不妨閱讀珍・萊德羅芙（Jean Liedloff）所寫的《富足人生的原動力》（*The Continuum Concept*），和逛逛萊德羅芙原動之道網站（www.continuum-concept.org）。

讀到這裡，有些讀者可能會問：生理上無法親自哺乳的媽媽該怎麼做？在這種少數情況下，我們建議媽媽不要擔心，先諮詢自然醫學醫師或其他醫療專業人士。不過，如果問題在於時間安排或時間不夠，我們建議盡可能把這件有益自己和寶寶健康的事，列為第一要務。

有些媽媽的工作環境並沒有提供哺餵母乳的充分資源。如果你也面臨這個問題，我們建議先把這個章節標記起來，再把這本書拿給老闆讀。無論男女，只要是人，都很怕火冒三丈的媽媽，我們也看過為了爭取餵母乳而對抗當權者，最終獲勝的成功案例。

我的妻子派蒂，為了成為家庭專科護理師而進修時，親身體歷身為一位專業人士，同時必須哺乳的困擾。當時她剛生下第四個孩子列翁，因為列翁還小，加上派蒂知道餵母乳的重要，所以上課時都會帶著列翁。起初，教授並不贊成她餵母乳。派蒂非常不服氣，認為護理科系設下禁餵母乳這項規定，簡直荒謬到了極點，因為在護理專業下，對於關懷和照護的堅持，應該更甚其他醫學領域，而且當時她的同學中也有許多年輕媽媽或待產的準媽媽。再說，教授比誰都知道哺餵母乳對嬰兒有多重要！

面對派蒂對這項規定的不滿，學校最後決定退讓，讓她能帶著列翁一起上課，前提是不能影響其他學生，這算是滿合理也很重要的條件。

之後，在派蒂的畢業典禮上，列翁和我還有其他孩子都坐在觀眾席。畢業典禮開始一段時間後，列翁開始大哭，很明顯他在找媽媽。在這樣的狀況下，我沒有急急抱著他離開會場而錯過整場典禮，反而帶著列翁去派蒂位置。

幾分鐘後，派蒂聽到自己的名字時，便自然抱著列翁起身，這獲得全場熱烈鼓掌。派蒂往台前走去的時候，也突然想到列翁的確該一起上台，畢竟他每一堂課也都有參與呢！

在餵母乳這一章的最後，我們想針對懷孕分享一些看法。

哺乳之前的孕期並不是一種疾病，也不應該被當作疾病治療。懷孕、生產和哺乳的醫療化是備受爭議的議題，也衍伸出許多相關書籍和電影。前文提到的珍·萊德羅芙所寫的《富足人生的原動力》中，鼓勵母親抱著寶寶哺餵母乳。而在紀錄片《出生之事》（*The Business of Being Born*）中，主角芮琪・雷克（Ricki Lake）提倡以更自然的方式生產。

此外，低風險妊娠期間的超音波檢查、例行性葡萄糖耐量試驗，還有使用杜卜勒超音波一再聆聽嬰兒心跳等等，所謂的「例行程序」遭到濫用，必須進一步檢討商榷。《考科藍文獻回顧》（*Cochrane Review*）便指出：「根據現有證據，針對低風險或風險未知的孕婦，於妊娠晚期進行例行性超音波檢查，對於母親或嬰兒並沒有好處。」

最後，來一點哲學氣息：**每一位懷孕婦女都是神聖的，也應當受到敬重。**懷孕象徵著全新的人生章節，充滿和平與混亂、喜悅與痛苦。請記得，不管思想單純的醫生如何以器具刺你、戳你、用各種儀器探照你，及如何幫你規劃生育或解釋一切多麼正常。

別忘了懷孕是一件獨特又神奇、甚至是神祕的事。生命永恆的光芒傳給了新的世代，過去、現在與未來，都在你的體內合而為一。

你現在已經不再只是你自己，一個充滿希望的小生命正在你的體內孕育成形。懷孕雖然讓人充滿能量，卻也非常辛苦，所以需要的時候務必休息，不必等到某個時間點或強迫自己依照社會習慣作息。多微笑、走在陽光下、欣賞星空、在月光下漫步。別因為有時覺得不舒服而擔心，大自然的線索會引領你，因為懷孕就和睡覺、走路一樣自然。

懷孕和成為母親並不是疾病。也許過去他人並不是這麼告訴你，但事實的確如此，而且你會因此有更多能力，為自己身旁的人做更多事。總之，好好享受這一段短暫與職場說再見的時光，體驗生命的驚奇，擁抱未來的無限可能。

重點整理

- 美國兒科學會建議嬰兒出生後，母親應持續哺餵母乳至少十二個月。世界衛生組織則建議，應持續哺餵母乳直到嬰兒滿兩歲以上。
- 世界衛生組織建議：嬰兒出生一小時內就開始餵母乳。而且只供給嬰兒喝母乳，不攝取任何其他食物或飲料，包括水。
- 母乳是活性物質，富含強化免疫力與抗發炎的化合物，有助發展人體免疫系統和健康的微生物群系。
- 哺餵母乳對寶寶的好處幾乎獲得公認，但是由於社會對餵母乳普遍存有偏見，許多媽媽要哺乳時仍面臨許多挑戰。在多數公共場所，餵母乳會被旁人視為不雅，甚至遭到禁止。

ABOUT LIQUOR

第3部

耍廢的懷習慣——丟掉憂鬱症、增強免疫力

第12章

睡眠──常常失眠睡不著會發胖，是真的！

開懷大笑和大睡一覺，是醫生筆記本裡最有效的處方。

──愛爾蘭諺語

睡眠不足經證實與罹患心血管疾病、癌症風險增加以及體重上升有關。多睡一點、提升睡眠品質、不靠鬧鐘自然醒來，不只能讓你更健康，也能讓你更有效率、做更多事，甚至有助減重。也因為做事會更有效率，晚點去上班或上課應該沒關係吧？（我們覺得沒關係，但你的上司或老師可能就不同意了。）

睡太少體重會上升？這是事實！

睡覺是一宗罪。這是十八世紀時美國清教徒牧師科頓・馬瑟（Cotton Mather）的主張。他當時以「覺醒者」為主題講道，痛批了那些應該工作，卻呼呼大睡的人。

主張睡覺沒意義的不只馬瑟牧師一人。美國開國元老班傑明・富蘭克林曾諷刺地說：「死後自會長眠。」無獨有偶，詩人埃德加・愛倫・坡（Edgar Allan Poe）也曾寫下：「沉睡，那死亡的短暫片刻——真教我恨之入骨。」

現今對於睡眠的看法不再如此強硬，但我們對睡眠的態度卻沒有改變多少。很多人還是認為睡覺等同於懶惰、不能讓自己睡太多，或把睡覺視為一種必為之惡。

睡覺也許是唯一一個絕對有益健康，卻讓我們感到罪惡的日常活動。例如週末賴床多睡一下，或沒有早起多做點事時，常使我們心懷愧疚。但相比之下，我們從來不會擔心自己呼吸太多新鮮空氣，或吃太多青菜，對吧？

健康的人往往不太會睡過多，所以**若覺得自己「睡太多」而感到懊惱，其實沒有必要，因為這是個人的身體需求**。這就好比不需要因為太常打電話給媽媽而愧疚一樣。所以雖然大眾常認為睡眠是一種奢侈，但它其實是一種需求。所有人類和動物需要睡眠的確切原因目前還不清楚，但如果不睡覺，就一定會有壞事發生。短期睡眠不足，會造成敏銳度下降和疲倦。**若連續熬夜好幾天，身體系統會失序大亂，甚至可能產生幻覺**。至於太久沒睡覺可能導致死亡，「金氏世界紀錄」正是因為長時間不睡覺的舉動太過危險，所以不做這項記錄或追蹤這項活動。

缺乏睡眠對身體會有長期的負面影響。長期睡眠不足會提高許多疾病的罹患風險，包含第二型糖尿病、心血管疾病，也可能導致提高乳癌、攝護腺癌與大腸直腸癌的發生機率。

很多人聽到睡眠不足可能造成的影響時，都會一臉不以為然地說：「我知道了。」然後補上一句：「但是我喜歡深夜出門」或是「我必須早起去工作」。因此，我們會緊接著分享另一個睡眠不足的副作用，對某些人來說，這個副作用比減壽還可怕一百倍——**睡眠不足會讓你變胖**。

美國一項針對六萬八千一百八十三名女性的「護理人員健康研究」中，大規模分析發現，與每晚睡眠時間達七小時以上的女性相比，只睡五小時或不到五小時的女性，平均增胖約二．一四公斤，這還是排除年齡影響後的結果。在十六年期間，一天睡五小時這組的女性體重，比睡超過七小時的組別還多約一．一四公斤。而只睡六小時的女性，比睡滿七小時的女性多胖了約零．七一公斤。此研究結果已經排除飲食習慣或運動的影響。

如果這還不足以讓你因為失眠這件事而失眠，更驚人的還在後頭：哈佛陳曾熙公共衛生學院胡丙長教授，於二〇〇六年共同發表的文獻中，探討了缺乏睡眠與體重上升的關聯。研究中指出兒童的睡眠時間過短，與既有肥胖問題及未來肥胖呈現非常穩定的高度相關。至於成人而言，其二十三篇研究中有十七篇支持「睡眠時間短與體重上升呈現獨立相關」。

雖然大眾開始體認到睡眠的重要，但我們的睡眠時間好像越來越短。一項研究指出，在一九八五到二〇一二年間，針對一天只睡六小時或以下的美國人口比例，成長了百分之三十一，同時美國人民平均睡眠時間從每天七．四小時縮減為七．一八小時。

不過別擔心，如果能傾聽身體的感覺、多睡一點，就能在短時間內改善健康。如同美國國家睡眠基金會（National Sleep Foundation）所說：「睡眠跟飲食和運動一樣重要，只是更容易執行而已」。

我們建議一個人每天應該安穩香甜地睡大約八小時，之後最好能不用靠鬧鐘自然醒來，就會感覺通體舒暢。每天也找至少一件特別的事讓自己去期待，可能是在公園散步、自己下廚、看電影、打高爾夫球、打棒球、釣魚、喝茶、喝咖啡、享受巧克力，或是任何你喜歡的壞習慣。

此外，晚上盡量早點睡。過往認為半夜十二點前就寢對健康很好，這點我們也深信不疑。後續在談陽光的章節（請見第十五章）中，我們也會提到，白天讓更多陽光照進屋裡，不用窗簾遮擋光線，就能讓身體漸漸與自然的日夜循環同調，也能因此睡得更好。就像俗語所說的：「早睡早起讓人健康、富裕、有智慧。」看來的確有道理。（編按：此為美國俗語Early to bed, and early to rise, makes you healthy, wealthy, and wise.）

省下睡眠勤奮工作，效果沒你想像得好！

雖然我們把咖啡也視為一種壞習慣（請見第四章），但最好的方式還是自然醒來，不靠任何外在刺激把睡意驅散。因此，起床後盡量別急著喝那第一杯咖啡，而是延後一、兩小時再喝。

很多人睡眠時間不足，不是因為睡不著了而提早起床，而是擔心自己沒有餘裕多睡而提早起床。然而，**想用減少睡覺時間來提高做事效率，其實跟省下睡覺時間來運動一樣，是個錯誤觀念**。

充分休息、不因疲憊而頭昏腦脹，我們才能有最好的表現。睡眠不只有助排除體內毒素，也能幫助我們順利處理一整天的事物、提升解決複雜問題的能力。一項德國研究中，受試者必須解出一道看起來困難的數學題，但不提示他們其實有個快速解法。受試者分為兩組，都讓他們先休息八小時後再來解這道數學題。其中一組熬夜為解題做準備，另一組則擁有充分的睡覺時間。研究結果，後者找到快速解法的機率，是前者的兩倍。

如果夜晚無法獲得足夠睡眠，建議不妨抽空小睡片刻。即便只是睡幾分鐘都很有幫助，不過最好不要超過一小時，以免睡醒後腦袋更加昏昏沉沉。

亨利．林德拉博士（Henry Lindlahr）是自然醫學創始者之一。對於從世界各地上門求診的國家元首、業界大老和政治掮客，林德拉博士會教他們一個方法：輕輕把筆握在手中，閉上眼睛，在座位上「偷睡」幾分鐘。如果筆從手中掉落，就知道自己睡得很沉。

《自然神經科學》（*Nature Neuroscience*）期刊中有一篇研究文章：研究人員一天對受試者進行四次知覺表現測驗，結果發現，沒有小睡片刻的人，測試結果每次會越來越差；測試期間有短暫睡三十分鐘的人，表現並沒有變化；而睡六十分鐘的人表現甚至越來越好。

小睡片刻似乎也對改善兒童心情與記憶力有幫助，越來越多企業開始允許員工在工作時小睡一下。有一則《紐約時報》新聞標題甚至寫到：「上班小睡不是罪」。當然，也不用將生活過得太緊張，偶爾睡眠不足不一定對健康不好，必要時熬夜一下完全沒關係。

美國疾病管制中心建議，成人一天至少睡七小時，六十歲以上建議睡八小時左右，而十八歲以下青少年應該睡至少八到十小時。不過要達到以上建議的睡眠時數，其實困難重重。

青少年因為生理因素，要睡滿九小時幾乎是不可能的事。由於青少年的大腦構造，不容易在晚上十點四十五分前進入睡眠狀態，但他們還得在早上七點或七點半前起床才能準時到校，睡眠嚴重不足。

因此目前在全美，越來越多學校延後上課時間，成效也出乎意料地好。一項二〇一四年針對九千名學生的研究發現，學校早上八點半或更晚開始上課，學生的成績和出席率都有改善，發生藥物濫用和憂鬱症狀的機率也降低了許多。此外，十六到十八歲青少年的車禍肇事頻率，也降低了百分之七十。這項數據意義重大，因為車禍是美國青少年的主要死因，每年因車禍不幸喪生的青少年超過兩千人。

二〇一四年開始，美國兒科學會推廣將學校上課時間延至八點半之後，美國醫學會也隨後在二〇一六年提出類似建議。

雖然讓孩子多睡一點確實有益健康，延後上課時間的提議卻遭到強烈反對。許多批評者認為，這會出現校車路線安排的問題，很多老師也抱怨這只會讓他們更難安排課表。

要輕鬆解決這兩個潛在問題，其實有一個大膽又創新的方法：如果把工作日或上課日縮短，但做事更有效率呢？因為截至目前，並沒有任何證據指出八小時或六・五小時，是讓員工或學生達到最佳生產力的時數。

瑞典哥特堡市之前試辦了每天工作六小時、每週工時三十小時的計畫。結果發現工時縮減後，員工完成的工作量其實一樣多，甚至更多。紐西蘭的信託基金管理公司「永恆守護者」（Perpetual Guardian）做了一項實驗，讓員工一週工作四天、每週工時三十二小時，但仍照發五天的薪水。公司發現，雖然員工每日在上班時的休息時間縮短了，但工作會更投入、更有創意。比起傳統一週工作五天，員工的生產力不減反增。

無論如何，學校延後上課時間可能造成的負面影響，促使我們正視學生睡飽的情緒和生理健康效益。近期研究顯示，實施第一堂課延後一小時開始的學校中，睡眠充足的學生成績有所進步，而縮短每週上課時數的學校，也觀察到學業表現有所提升。我們相信企業如果縮短每天工時和每週工作天數，也能看見類似的成效。

其他助眠訣竅：裸睡、減少3C與多曬太陽

然而，奮力抵抗香甜夢鄉的，不只學校和職場。

許多娛樂休閒活動都開始得太晚，大部份的音樂會晚上九點或十點才開始，也幾乎沒有傍晚就人潮熱絡的酒吧。週一晚間美式足球賽（Monday Night Football）和其他大型運動賽事的開賽時間，對多數孩子來說都太晚，也逼迫成人得在觀賞最愛的隊伍比賽，和隔天精神不濟之間抉擇。奇怪的事，就連美國人最愛的國民運動——棒球，開賽時間也已經超過了多數學齡兒童和成人最佳的就寢時間。

雖然沒辦法讓美國職棒大聯盟世界大賽的第一球提早開投，你還是能從自身開始做點改變，提升睡眠品質。一個很簡單的方法，是在睡前少用手機、少觀看LED螢幕。LED螢幕和電燈的光會抑制褪黑激素（melatonin），也就是傳送睡眠訊號給大腦的荷

爾蒙。

一項總樣本數超過十二萬五千名兒童的整合分析研究（編案：指統整許多前人研究的系統性文獻回顧）發現，睡前使用手機和其他數位裝置，與睡眠不足、睡眠品質差和白天嗜睡症有顯著相關。

關閉LED光源、把眼睛從手機上移開後，下一步不妨考慮把睡衣脫一邊、光溜溜進被窩睡覺。裸睡可能會嚇壞你的室友或來借住的朋友，但不穿衣服能降低體溫，有助更快入睡。

我們也建議多曬點太陽。一項研究發現，和無窗的辦公室相比，辦公室若有更多窗戶、獲得更多自然光，員工不但睡得好、睡得飽，變得更樂觀開朗，也會樂於從事更多身體活動。所以不管你的辦公室長什麼樣子，白天時別忘了抓住機會，多曬點陽光。

如果這些方法都沒有用，安眠藥也不太可能會是解決方法。不管是成藥或處方藥，一般只能增加十一到二十五分鐘的總睡眠時間。使用安眠藥的人通常會覺得藥效很好，只是因為許多安眠藥會妨礙記憶。所以吃了安眠藥之後，理論上你還是會在夜間醒來，只是比較不會記得這件事。除此之外，安眠藥有太多潛在副作用，所以還是透過健康飲食、多運動來換得一覺好眠比較實在。

別忘了，即便只養成睡眠充足這個健康習慣，都能因此帶動、鞏固其他健康習慣，從而打造正向循環。睡眠品質好，通常飲食也會開始變得健康、運動量增加、壓力減少，也會更樂在生活、更樂觀開朗。因此只要改善睡眠品質，我們其實就能促進整體健康。

你想要的、需要的都是多睡一點，所以別再感到罪惡了。如果某天因為需要多休息而上班遲到，別再給老闆就醫證明了，不妨給他這本書，再幫他特別標註這一章吧。說不定老闆自己也很需要補眠一下呢！

重點整理

- 短期睡眠不足，會造成敏銳度下降和疲倦。若連續熬夜好幾天，身體系統會失序大亂，甚至可能產生幻覺。
- 長期睡眠不足會提高許多疾病的罹患風險，包含第二型糖尿病、心血管疾病，也可能導致提高乳癌、攝護腺癌與大腸直腸癌的發生機率。
- 我們建議一個人每天應該安穩香甜地睡大約八小時，之後最好能不用靠鬧鐘自然醒來。
- 想用減少睡覺時間來提高做事效率，其實跟省下睡覺時間來運動一樣，是個錯誤觀念。

第13章

呵呵！性愛能增進免疫功能呢！

我有一半的錢花在賭博、喝酒和狂野的女人身上。另一半的錢都浪費掉了。

——美國喜劇演員菲爾茲（W. C. Fields）

性愛是一種很棒的運動，經證實能促進免疫系統、降低血壓和心臟疾病的風險，並有助生理和心理的健康。性也能調節男性和女性睪固酮和雌激素的平衡，穩定良好的兩性關係，確實能幫助人們延年益壽。

除了歡愉，能強化肌肉和增進免疫功能

把治過敏性鼻炎的噴劑丟了吧。值得信賴的家庭月刊《讀者文摘》指出：「性愛據說是天然的抗組織胺，有助對抗花粉熱和氣喘症狀。」同一篇文章也提到：「比起一個月性行為不到一次的男性，每週有兩次以上性行為的男性，在任何一年之中，死亡機率低了百分之五十，研究結論認為性愛應該多多益善。」

和本書的其他自癒力因素相比，性愛是非常自然、也沒那麼複雜的行為。性愛讓人愉悅、對健康有益，也是人類繁衍後代所必需。

無論我們如何對外宣稱，相信多數人都不會介意提高性行為頻率。所以我們應該不需要鼓勵你多享受閨房之樂，不過在這一章裡，我們是想告訴你更多性愛值得好好享受的原因，也將說明為什麼再忙，你都應該保留和伴侶做愛的時間。

首先，性行為對心臟健康真的有好處。

一項研究發現，一週做愛兩次的男性，與一個月做愛一次或以下的男性相比，罹患心血管疾病的機率低了百分之四十五。另一項研究顯示經常達到性高潮的男性，比起不常有性高潮體驗的男性，死亡機率降低了百分之五十。還有另一個研究計畫指出，藉由一般性行為固定達到性高潮的男性，能有效降低血壓。不過，透過自慰達到高潮並無法獲得上述的健康效益，所以，要跟喜愛網路上熱門的「素人影片」的朋友說聲抱歉了。

性愛當然不只對男性有好處，**對女性而言，性行為對鍛鍊骨盆底肌肉很有幫助，有助強化膀胱控制，降低尿失禁的發生機率**。有數據指出，女性在一生中，有三成會受到尿失禁困擾。

性愛也是很棒的運動，和其他身體活動一樣，能提升心跳率、強化肌肉。不過和跑步不一樣的是，性愛是許多人真正期待的事。做愛時，男性每分鐘可消耗四大卡，女性則是三大卡，這點熱量看似微乎其微，但長期累積下來成效可不小。

性愛也是免疫系統的強心針。免疫球蛋白A（IgA）是一種抗體，對免疫系統的正常運作扮演關鍵角色。一項針對一百一十二名美國大學生的研究發現，每週從事性行為三次以上的大學生，比起每週兩次以下的大學生，IgA濃度明顯高出許多。（難怪從不請病假的人看起來都滿面春風！）

性行為經證實對於男女都有助減輕疼痛。一項二〇一三年的研究指出，性愛能舒解頭痛，這項發現倒有點讓人啼笑皆非，因為一直以來頭痛欲裂，是很多人不做愛的常見原因。

做愛時，身體會釋放血清素、腦內啡和其他讓人快樂的荷爾蒙，有助減輕壓力、創造歡快的感覺，有些人認為這些感覺能幫助他們入睡。

性愛似乎也能促進整體生活的幸福感，這點應該沒人覺得意外。二〇〇四年，經濟學家分析了一萬六千名美國人民包含收入、性行為頻率和幸福感的資料，結果顯示如果將性行為頻率從一個月一次，提高到一週一次，幸福感可能和獲得五萬美元的獎金一樣。另一項調查中，一千名上班族女性表示，性愛是最快樂的活動，她們認同幸福人生的重點在於讓自己「性」福。

所以，如果享樂是你的人生目標，最好少花點時間和伴侶爭執或擔心，多花點時間來「做正事」。

不過就像這本書討論的所有壞習慣一樣，關鍵在於秉持適度原則和享受做愛的過程。強迫自己提高性行為頻率，無法樂在其中、沒有愛意的話，並不會更快樂，這也是美國卡內基梅隆大學（Carmegie Mellon University）得出的研究結論。他們徵求了六十四名成人夫婦作為受試者，並請半數的人將性行為的頻率提高為兩倍。可以想見，請受試者刻意從事性行為並無法增添閨房樂趣，引導之下更頻繁從事性行為的受試者，確實也比較不快樂。

我們一再強調，本書中提到的所有壞習慣，維持重點在於用自己喜歡的方式，去做自己享受的事。逼迫自己去做不覺得有趣的事，其實一點也不好玩。

重質不重量，才能真正享受性愛

性愛在人類演化上有一個重要卻常被忽略的功能，那就是繁衍後代。

一般夫妻在談到懷孕時，通常可以分成兩種：一種是很努力想懷孕，一種是很努力想避孕。避孕對於製藥公司來說是一塊大餅。美國電視節目進廣告時，幾乎一定會看到有關子宮內避孕器、避孕藥或其他避孕方法的廣告。不過，很多避孕方法的原理，是釋放假訊號欺騙女性的身體，長期下來可能對健康有害。

雖然最佳的避孕方法還是要依照每對夫婦的情況來判斷，**有意維持長久關係的伴侶，仍應該選擇較自然、非侵入性，潛在危害比較少的避孕措施。**

另一方面，對於真正想懷孕的夫妻來說，可能會以為只要一停止避孕措施，馬上就能懷孕。事實上，一個月只有幾天是容易受孕的黃金期。懷孕有時候需要時間，有些時候不只需要很多時間，還要很多性愛。所以保持耐心是上策。

很多人花好幾年避孕之後，幾乎是馬上接著花好幾萬美元接受受孕療程，但最好的做法還是先花點時間注意飲食、運動、減壓，然後頻繁享受歡愉的性愛。

為了避免讀者誤解，在此澄清我們並不是提倡隨意濫交。有許多證據顯示，彼此情投意合的穩定關係最有益處，這些好處也不只限於臥室裡。一份紐約報紙便大剌剌地寫到：「研究顯示單身比肥胖更容易致死」。

一項針對十二萬七千五百四十五名美國成人的大型調查發現，比起單身、離婚或喪偶男性，已婚男性的健康狀況更好，通常也更長壽。有些人也許會覺得健康男性本來就容易找到伴侶，因此有雞生蛋或蛋生雞的問題，但事實上，統計結果顯示，不健康的男性步上紅毯的機率更大。結婚的好處似乎也不只是有人陪伴。有人同住通常比獨居更為健康，而已婚的男性甚至更加健康（還能獲得副駕駛座的那位一輩子免費指路）。

性愛固然有益健康，但重點不是做愛次數，而是「成功射門」的品質。此外，良好的感情關係對健康幫助更大，所以找個你真正在乎、對方也在乎你的人，並且好好經營這段感情。就像經典迷幻搖滾樂團傑佛森飛船合唱團（Jefferson Airplane）唱的這句：「去找個人來愛吧。」（you better find somebody to love）

重點整理

- 性行為對鍛鍊骨盆底肌肉很有幫助，有助強化膀胱控制，降低尿失禁的發生機率。有數據指出，女性在一生中，有三成會受到尿失禁困擾。
- 性愛也是很棒的運動，和其他身體活動一樣，能提升心跳率、強化肌肉。不過和跑步不一樣的是，性愛是許多人真正期待的事。
- 做愛時，身體會釋放血清素、腦內啡和其他讓人快樂的荷爾蒙，有助減輕壓力、創造歡快的感覺，有些人認為這些感覺能幫助他們入睡。
- 強迫自己提高性行為頻率，無法樂在其中；沒有愛意的性行為，也不會感到快樂。

第14章

今天別上健身房！什麼是過度運動？

一個人光靠吃東西無法維持健康，也要運動才行。

——希波克拉底

運動固然很重要，但無節制運動可能適得其反。研究指出，適量運動的人和運動過量的人一樣健康，有時候甚至更健康。一些簡單的小舉動，例如快走一下或使用升降桌，其實就能帶來大大改變。我們鼓勵找到自己喜歡的運動，例如散步、慢跑、跑步或騎腳踏車，然後一個禮拜做幾次運動讓自己開心一下。

雖然有違常理，但你只需要「適度」運動

各位懶惰蟲準備起身……算了舉起手就好了……慢一點，以免耗費太多力氣，把雙手舉高一起展現士氣吧！

和身上越來越多的脂肪一樣，有越來越多的研究發現，**運動雖然有助健康，過度運動卻無法提升整體身心健康，甚至可能有礙健康**。所以今天不要再一大早去做十項全能了，好好休息、不帶任何罪惡感地放鬆一下吧！先聽我們娓娓道來適度運動能帶給你的大量好處。

二〇一五年，美國心臟協會發行的醫學期刊《循環》（*Circulation*），刊載了一項規模數一數二的研究，旨在探討過度運動的影響。此研究對於過度運動的定義是「一週進行二到三次以上，造成出汗或心跳加快的任何運動。」研究人員分析了一百一十萬名，年齡介於五十五到六十四歲的女性，並花了九年追蹤他們的心血管健康。研究結果讓人驚訝得差點沒了心跳（有時候過度運動還真的會這樣）。

不難料到，研究顯示運動對健康是好的，但也只限於某個程度。比起不運動的人，適度運動的人罹患血管相關疾病（編案：指影響循環系統的任何併發症）的次數少很多，然而一週進行四到七次劇烈運動者，患上血管相關疾病的頻率則更高。因此即便是像修剪花木、做家事等非輕度運動，一週做四到六天的頻率最佳，天天都從事的狀況下，會與血管問題增加有所關聯。

雖然聽起來有違常理，但這項研究和其他研究的觀察相符，都指出運動過度其實會降低健康效益。一項收列於《美國預防醫學期刊》（*American Journal of Preventive Medicine*）的二〇一八年研究，發現有運動的當天，身體的消耗熱量的確會更高，但是因為其他活動相對減少，所以運動的總消耗熱量，只有約一半會抵消在每日總消耗熱量。

走路、森林浴與高強度輕運動

《美國心臟病學會期刊》前陣子刊載的報告中，發現對於雙腳著地次數太頻繁、踩得太用力的跑者來說，過量運動會大幅降低運動的健康效益，甚至產生負面影響。這項為期十二年的研究，觀察了一千零九十八位健康慢跑者，和三千九百五十位健康的非慢跑者，研究結論指出跑太少或跑太多，都和死亡機率提高有關。

《時代雜誌》一篇分析該研究的文章指出，適當的運動量落在一個恰到好處的點，剛好能維持心臟健康、燃燒熱量，又能控制血糖值，但研究主持人出人意料地表示：「這個甜蜜點比較靠近運動量『少』而不是『多』的那一端。」

研究人員在結論中指出，理想的慢跑速度大約是一小時五英里（約八公里），每週最佳慢跑次數是三次。這樣的運動量已經很充足，雖然此種訓練方式絕對無法造就馬拉松冠軍跑者，但一般來說，包含長跑者在內的各類跑者，通常都比久坐的人健康許多，所以之後可以考慮少開車，改騎腳踏車或慢跑去健身房。

在繼續講下去之前，我們想先把一件事說清楚：每當有一篇新研究指出劇烈運動有淺在風險，同時就會有數十篇研究強調運動的重要。而這一章的重點是，追求健康不一定要從事劇烈運動。對多數人來說，適度、可行性較高的運動已經對健康很有幫助了。**長時間坐著對身體不好，只要能運動，不必拉長時間就能對健康有很大幫助。**

另外，關於短時間高強度的輕運動（micro-workout）研究，也得到正面結果。研究對象為生活型態長時間久坐的十四位男性和女性，讓他們進行所謂的「一分鐘運動」，並觀察其表現。

受試者每次花十分鐘踩健身腳踏車，每週進行三次。他們先慢慢踩兩分鐘作為暖身，之後盡全力踩二十秒，接著繼續慢踩兩分鐘，不斷重複，直到全力快踩的時間滿一分鐘為止。結束後受試者會做三分鐘的伸展緩和。六週之後，受試者的耐力提升了約百分之十二，血液檢測結果也更好。

除了做高強度的輕運動，避免長時間久坐也一樣重要。近期許多研究都大力推崇升降桌的好處，使人可以偶爾站著工作。另外，工作時不要只是坐在辦公椅上，偶爾在辦公室來回散步、繞圈，或邊工作邊用跑步機，這些都能提高活動量、縮短屁股黏在椅子上的時間。長時間坐著不動，經證實和死亡機率增加有關，所以不妨用以上的小訣竅多活動筋骨。

談到運動，很多人誤以為走路強度不夠高而加以忽略，但走路其實是我個人很喜歡的運動，對身體健康也有許多好處。定期、短時間走路的效益，會隨時間累積，有助燃燒熱量、提升整體健康。中午休息時間可以短暫散步一下，或者在開會時提議走出會議室，來個邊走邊談的「散步開會」。停車時找距離目的地最遠的車位、有樓梯的話盡量不搭電梯。這些小習慣的效益都能聚沙成塔。如果能在森林裡健行，對健康更是加分。

走路也能促進心理健康、幫助放鬆。近來，「日式森林浴」在美國越來越流行，森林浴的概念是鼓勵大家走到戶外，不只是健行，而是專注於當下、以放鬆的心情享受大自然。用這種方式享受森林裡的時光，可能會有意想不到的效果。美國自然與森林治療協會（Association of Nature and Forest Therapy）便指出：在森林裡散步四十分鐘與改善心情、自我感覺健康有關聯。

一項二〇〇七年的研究中指出，兩天內在樹林裡散步兩小時的男性，人體內打擊疾病的大軍自然殺手細胞（編按：natural killer cell，約佔所有淋巴球的細胞的百分之五至十，它可以消滅許多種病原體及多種腫瘤細胞）濃度提高了百分之五十。二〇〇八年，一項研究觀察了十三位女性護士，進行為期三天的森林浴旅行，結果發現，森林浴讓人體產生的抗癌蛋白質和保健效益，在旅行結束後延續了超過七天。

目前學界還不清楚森林浴的具體功能，或是森林浴還有哪些保健效益，因此仍需更多研究。舉例來說，有些人認為常綠樹分泌的天然化學物質，也就是一般統稱的芬多精，對於增強免疫系統特別有幫助。若真如此，需要多大範圍的自然環境才能獲得森林浴的健康功效呢？例如一個公園夠嗎？目前為止我們並不知道。不過，花時間走入大自然，或者盡可能靠近大自然，對我們肯定有益無害。可以的話，不妨赤腳走在海灘、草地或森林小徑上，去欣賞、嗅聞、感受大自然的一切。

減重與運動的真實關係，別太期待效果！

現在，我們談談已經拖了幾百年都還沒談的事情：減重。坦白說，講到運動，特別是劇烈運動，多數人更擔心的不是健康，而是外在體態。但是不管他人怎麼誇耀時下最流行、強度過頭的激烈運動菜單，運動和減重似乎只有偶然的關聯。打個比方，如果運動和減重是兩個人，他們在臉書上彼此會是好友，但雙方都不知道為什麼。

二〇一三年一篇刊於國際期刊《群體健康計量》（*Population Health Metrics*）的研究中，研究人員發現二〇〇一到二〇〇九年之間，大眾的身體活動量增加，特別是在美國肯塔基、喬治亞和佛羅里達三個州。但運動量上升的同時，研究中所涵蓋的每一個郡，也都有肥胖人口增加的情形，這還是已經排除貧窮、失業與其他指標變動的結果。

運動的減重成效不如預期，一個可能原因是運動雖然能消耗熱量，卻也會促進食

慾，讓我們吃下更多食物。我們很可能在運動後，給自己吃更多的正當理由：「我今天有上健身房運動了整整八分鐘，現在可以來吃這份培根漢堡配一大桶薯條了。」

如果以這種模式思考，我們的熱量攝取只會不減反增。心臟學家艾希姆・馬洛特拉（Aseem Malhotra）在《華盛頓郵報》（*The Washington Post*）就寫道：「運動的目的如果只是消耗熱量，其實投資報酬率非常低。光是吃下三片餅乾，你就要走路四十五分鐘以上，才能消耗掉那些餅乾提供的三百大卡。」

不僅如此，馬洛特拉認為身體活動能促進新陳代謝，讓身體更快燃燒熱量的說法其實被過度誇大。他以一篇二〇一二年的研究為例，研究中人類學家測量了坦尚尼亞原始部落居民的每日身體活動量、新陳代謝率和能量消耗，並把這些數據和現代西方人做比較。

不難想見，坦尚尼亞部落居民比西方人的活動量更高，但他們的代謝率和長時間久坐的西方人卻相差無幾。劇烈運動的另一個問題是，即便能降低體重，但這種訓練卻常突然喊停、無法持之以恆，之後體重又會以不健康的方式快速上升。

讀到這裡，整天窩在沙發上看電視的人，應該會樂得跳起來（不過，這樣就得離開沙發，用點力跳起來），但這不代表你應該放棄跑步機，奔向沙發的懷抱。大量研究顯示，運動對多數人來說能促進健康，而且長時間久坐的確對健康非常不好。有意思的是，對於長時間坐在嬰兒車或汽車後座的新生兒來說，這個道理也成立。

如同本書其他各章，想透過運動讓自己更健康，祕訣就在於運用常理判斷。光靠運動不一定能讓體重大幅下降，但如果能搭配不過於偏激的飲食原則，就能變得更健康。

總而言之，別因為自己沒有天天踩飛輪、還沒創下任何百米賽跑紀錄而覺得愧疚。與其開車上健身房，不如花點時間散步到附近的咖啡廳。在健康這場馬拉松上，採取定速慢行或跑走交替的穩健策略，才能幫助你突破終點線，成為人生勝利組。

重點整理

- 運動雖然有助健康，過度運動卻無法提升整體身心健康，甚至可能有礙健康。
- 對於雙腳著地次數太頻繁、踩得太用力的跑者來說，過量運動會大幅降低運動的健康效益，甚至產生負面影響。
- 很多人誤以為走路強度不夠高而加以忽略，但定期、短時間走路的效益，會隨時間累積，有助燃燒熱量、提升整體健康。
- 運動的減重成效不如預期，一個可能原因是運動雖然能消耗熱量，卻也會促進食慾，讓我們吃下更多食物。

第15章

提升免疫力，關鍵是曬太陽！

「如果你飛得太低，翅膀沾了水就無法順利飛行；飛得太高，太陽就會燒毀翅膀。靠中間飛吧！別只顧望向那無邊無際的天空。」

——代達羅斯

適度曬曬太陽吧！太陽光是供應維生素D的天然來源，能增強免疫系統、提供許多健康功效。日照不足會引發罹患癌症等多種疾病的風險，也可能減少壽命。雖然過度曝曬的確可能導致皮膚癌，但太少曬太陽對健康也非好事。

缺乏維生素，是一種「全球流行病」

「別飛得太靠近太陽！」希臘神話中代達羅斯（Daedalus）向兒子伊卡洛斯（Icarus）如此告誡。代達羅斯用羽毛和蠟做成了兩對翅膀，好讓他們能逃出克里特島，不再成為階下囚。他告訴兒子，如果距離太陽太近，固定住羽毛的蠟就會融化。

然而，伊卡洛斯被振翅飛翔的喜悅沖昏了頭，完全忘記父親的囑咐，越飛越靠近太陽。結果不出所料，蠟受熱後開始融化、翅膀解體破碎，伊卡洛斯最終墜海身亡。

數百年來，伊卡洛斯的故事就像一則警世寓言，告誡人不能狂妄自大。但是大家常忘了在故事中，伊卡洛斯的父親其實也告誡他不要太過膽怯或謹慎，因為如果一心為了避開太陽而飛得太低、太靠近海洋，翅膀沾了溼氣就會變重飛不起來。為了活命，伊卡洛斯必須在與太陽和海洋的距離之間取得最佳平衡。

用這個故事說明凡事應行中庸之道實在非常貼切，而且將皮膚暴露在陽光下時，我們還真的要衡量自己和太陽的最佳距離。無論是生理還是心理上，人類都需要陽光。由於**紫外線輻射（ultraviolet radiation）會產生類似光合作用的反應，皮膚受太陽直接照射時，會形成維生素D。**如果太怕曬黑，完全躲避太陽或隔絕所有陽光，維生素D不足的可能性就會大大上升，進而提高罹患多種嚴重疾病的風險。相反地，如果暴露在過量的陽光下，罹患皮膚癌的機率也會增加。

多數醫療建議著重在如何用防曬，完全把陽光當作歡樂夏天的毒瘤，認為日曬不但危險，有時還可能致人於死。不過，近期研究證據指出，完全躲避陽光的話，對健康的損害反而可能更大。

一項二〇〇八年的研究，以世界衛生組織的數據為基礎，指出陽光中有害的紫外線輻射只是「推升全球疾病負擔的次要因素」。研究人員透過測量失能調整人年（編按：disability-adjusted life years，簡稱DALYs，旨在計算個人因為健康不佳、失能或因疾病過早死亡而損失的生命年數。）來評估紫外線輻射暴露的風險。研究結果顯示，紫外線輻射暴露僅造成每年損失一百六十萬DALYs，也就是整體全球疾病負擔的百分之零點一。和這個數據相比，全球人口若大量減少紫外線輻射暴露到最低幅度，可能造成每年損失約三十三億DALYs，由以上不難看出哪種情況比較可怕。

前面提到陽光是維生素D的重要來源。如果看全民的維生素D濃度是否及格，答案就和氣象預報說週末會下雨一樣，讓人開心不起來。一些估計數據指出，大約半數的人維生素D不足，全球更達十億人有維生素D缺乏的情形。

二〇一二年，一篇《藥理學暨藥物治療學期刊》（*Journal of Pharmacology & Pharmacotherapeutics*）的文章中指出，缺乏維生素D是一種全球「流行病」，並表示「戶外活動減少」等生活型態轉變是元凶之一。

在挪威，研究人員分析了一九六四到一九九二年間，診斷出的十一萬五千零九十六個乳癌、大腸癌和攝護腺癌案例，發現在夏天和秋天（人體內維生素D濃度最高的兩個季節）診斷出癌症的人，癌症死亡率較低，且該患者診斷出罹癌時如果維生素D_3濃度高，後續癌症治療期也能維持的話，有助改善病患的預後。

太陽的功用不只是促進維生素D形成而已，喬治城大學（Georgetown University）的科學家最近發現，陽光能活化免疫系統細胞「T細胞」，讓T細胞移動得更快、發揮更大效用，進而強化免疫機能。陽光之於T細胞，似乎就像類固醇之於專業運動員一樣，只不過它沒有那些副作用，也沒辦法讓你打出五百英呎遠的巨砲全壘打就是了。

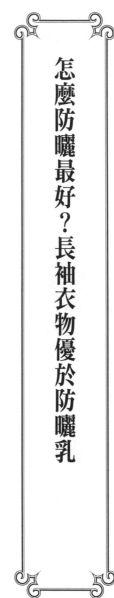

怎麼防曬最好？長袖衣物優於防曬乳

一篇二〇一六年刊載於《內科醫學期刊》（*Journal of Internal Medicine*）的研究宣稱：「避免日曬是造成死亡的危險因子，嚴重程度與吸菸相同。」研究人員分析了兩萬九千五百一十八名瑞典女性的數據，發現曬太陽雖然會導致罹患皮膚癌的風險增加，卻也能降低整體死亡風險。

根據美國疾病管制中心最新公佈的防曬建議為：「太陽的紫外線光在短短十五分鐘內就足以破壞皮膚。」這份建議指出民眾應盡量待在陰影處，而且即便在陰影處，也應該穿著長袖衣物、長褲或長裙遮蔽身體，另外也建議大眾戴帽緣寬的帽子來遮蔽臉部、耳朵和頸後。但即使做了以上的防曬措施，陽光還是有可能穿透、照射到沒有遮蔽的皮膚，因此疾病管制中心也建議大眾「外出前擦上防曬係數（ＳＰＦ）至少十五的廣效性防曬產品（編按：Broad Spectrum，指同時有UVA和UVB防護的防曬產品），即便天氣稍微多雲或涼爽也須做防曬。」

這項建議的確在某種程度上有助於預防皮膚癌，對吸血鬼應該也很實用，但是對於多數恆溫、活生生的人類來說，其實有點不切實際。因為徹底遵照以上建議的人，雖然不會受到太陽的危害（普遍認為陽光是導致九成以上皮膚癌的主因），但是也無法享受到曬太陽的好處。

在過去，使用防曬乳有時其實弊多於利，因為許多防曬乳無法阻絕所有可能引發癌症的紫外線光（現在有些防曬乳產品也還是無法）。**穿著質料輕、透氣的防曬衣物，及戴帽子和撐陽傘的效果還比較好**。

但如果真的要擦防曬乳，記得選用廣效程度最高、添加較多氧化鋅的產品，防曬效果可能比較好。很多人擦了無效的防曬乳，卻以為自己受到保護而延長曝曬時間，結果可能已經曬傷了還不知道，也無形中提高自己罹患皮膚癌的風險。不只如此，無效的防曬乳，通常會阻擋有助皮膚形成維生素D的光線，因此抹煞了曬太陽對身體的諸多好處。許多防曬乳更添加了可能危害環境的化學物，夏威夷當地正是因為防曬乳所含的化學物破壞了海洋生態系統，而禁止部份品牌的防曬乳販售。

多曬太陽讓你吃好、睡好、心情好

在睡眠一章中，我們提到適量曬點太陽對於晚上睡好、睡飽很有幫助。根據《臨床睡眠醫學期刊》（*Journal of Clinical Sleep Medicine*）二〇一四年刊載的一篇研究，比起辦公室沒有窗戶的上班族，若工作環境的窗戶比較多、有更多自然光，不只有助延長睡眠時間、睡眠品質也比較好。研究樣本雖然只有四十九人，但結果卻發人深省。

研究指出，辦公室有窗戶和日照的員工，每晚平均多獲得四十六分鐘的安穩睡眠。也覺得自己的生活品質有提高，身體活動量也增加了。換言之，我們今天感嘆過去礦工的工作環境和待遇極差，而現在多數上班族在擁擠、無窗的辦公室日夜辛苦工作，未來世代對我們的處境大概也會搖頭嘆息。

談到睡眠和陽光的關聯，其實清晨曬點太陽，也有助身體和大自然的日夜循環同步，能幫助我們重新調整生理時鐘，對提升整體睡眠品質有益。而且偶爾欣賞日出、日落不只能為生活增添樂趣，也是促進身心健康的好方法。

所以別對陽光退避三舍，不妨到戶外去散散步、聞聞花香。

只要一週曬個幾次太陽，每次十分鐘，不只對身體好，更有許多健康功效。**陽光能減少憂鬱症狀、提升骨質密度，甚至有助改善關節炎和大腸激躁症。**

在氣候嚴寒、冬天少日光直射的地區，居民常受季節性憂鬱症，又稱季節性情緒失調（seasonal affective disorder）所苦。被譽為現代自然醫學之父的亨利．林達（Henry Lindlahr）建議病患在自然光照射下做空氣浴，即便冬天也照做不誤，而方法就是在自家庭院裸體散步。（這個建議也許真的對健康很好，但是你在鄰居心中的良好形象很可能蕩然無存。）

在北緯三十七度線以北的區域，因為太陽長年照射的角度過低，居民無法獲得充份日照。在這些常年影子比身高還長的地區，即便完全依循健康生活原則，冬天還是很難獲得足夠的維生素D，因此必須多攝取富含維生素D的食物以補充營養，例如鮭魚、鯖魚、沙丁魚，以及天然的維生素D_3營養品。

然而，某種程度來說，因為人類許多活動造成大量的地球、海洋和空氣汙染，破壞了臭氧層（編按：平流層中保護地球和人類不受有害紫外線輻射的區域），因此短時間內大量暴露在陽光下，的確可能增加罹患皮膚癌的機率。

總而言之，為了避免過度曝曬造成的潛在危害，必要時記得穿著寬鬆衣物遮蔽身體、戴帽子、撐陽傘，並找陰影處遮陽。一開始每天只要曬幾分鐘太陽即可，之後可再拉長時間，慢慢曬出古銅色。別怕曬太陽，但也小心別被太陽曬傷。

想想伊卡洛斯的故事，和他父親被當耳邊風的叮嚀。別認為自己天下無敵，能飛得太靠近太陽；但也別過度畏縮，盡全力躲避陽光，因為這對健康可能不好，也讓人生少了很多樂趣。就如著名大文豪奧斯卡‧王爾德（Oscar Wilde）所寫的：

喔，伊卡洛斯，
別為自己勇敢翱翔天際卻墜落而懊悔，
從未感受過陽光的熾熱灼人，
那才最教人惋惜。

重點整理

- 無論是生理還是心理上，人類都需要陽光，皮膚受太陽直接照射時，會使人體產生維生素D。
- 許多防曬乳無法阻絕紫外線，因此穿著質料輕、透氣的防曬衣物，及戴帽子和撐陽傘的效果，會比塗防曬乳好。
- 一週只要曬太陽十分鐘幾次，不只對身體好，還能減少憂鬱症狀、提升骨質密度，甚至有助改善關節炎和大腸激躁症。
- 清晨曬點太陽，也有助身體和大自然的日夜循環同步，能幫助我們重新調整生理時鐘，對提升整體睡眠品質有益。

第16章

玩點泥巴戰！泥土與細菌不是壞東西

如果健康的土壤充滿了死亡，必也充滿生機：蚯蚓、眞菌、各種微生物。

——美國著名作家兼環保人士
溫德爾・貝瑞（Wendell Berry）

避免接觸任何細菌並不是好事。有許多證據顯示，人類和泥土及其中含有的微生物頻繁接觸其實有好處，尤其是年幼的孩童。另一方面，許多市面上的衛生用品，含有可能危害人體的化學物質，會導致皮膚受到刺激或太乾燥，選購時要格外注意，使用上也不能過度依賴。

別讓過度衛生習慣影響了健康

根據傳說，衛生（hygiene）這個概念來自神話人物海琪亞（Hygieia），她是希臘神話中醫療之神阿斯克勒庇俄斯（Asclepius）的女兒。阿斯克勒庇俄斯手中握有一隻蛇纏繞的木杖，這個形象之後成為醫學標誌，經後世沿用至今。

另一個版本的神話故事中，木杖上的蛇會在阿斯克勒庇俄斯的耳邊悄聲透漏自然界的奧秘，幫助他治癒病人。後來，他的醫術越來越高超，甚至能讓人起死回生，不料這件事激怒了眾神，天神宙斯便以閃電瞄準阿斯克勒庇俄斯，一擊劈死了他。

海琪亞對醫學領域的貢獻，不像父親的故事一樣壯烈跌宕，但也非常重要。她在父親的醫院裡協助病患洗浴清潔，這證明了古希臘人知道保持潔淨有助病患恢復健康，但世人對衛生的重要有更充份的理解，卻是非常之後的事了。

幾百年來，人類就有定時洗澡、洗手的習慣，但要到近代，隨著細菌病原論（germ theory）被提出，社會大眾才開始了解疾病會藉由人與人接觸傳染。例如一八五四年，英國醫生約翰・斯諾（John Snow）發現倫敦爆發的致命霍亂疫情，是污水池汙染了飲用水造成。這些傳染的新認知，促成了許多優良公共衛生政策。

所幸，今日我們的飲用水基本上零汙染，多數有害化學物絕大多數已經去除。我們也養成許多重要的衛生習慣，能有助預防疾病傳播、拯救生命。但是，當我們生怕有一點細菌、過度講求乾淨，抱著「洗兩次手求個心安，不夠的話再用抗菌消毒液」的心態時，我們殺死的不只是壞菌，很多好菌也一起犧牲了。

許多文獻指出，這些過度要求的衛生習慣反倒影響了健康，使我們更容易罹患過敏和自體免疫疾病。所以，就像本書談到的其他章節一樣，要讓愛乾淨發揮對健康的最大效益，還是要回到「適度」原則，同時善用常理判斷。

泥土與細菌，有時並不是壞東西

其實泥土，還有隱形其中、通常對身體有益的細菌小兵，對我們的健康並不壞。根據認為不乾淨沒關係的「衛生假說」（編按：hygiene hypothesis，指幼年時因缺少接觸傳染源，從而抑制了免疫系統的正常發展，進而增加了罹患過敏性疾病的可能性），**現代人的生活環境大都太過乾淨，兒童反而無法接觸到各種必要的細菌，來讓免疫系統充份發展，對於潛在的疾病與過敏，因此也更沒有抵抗力。**

過敏之所以會發生，是因為免疫系統對某種物質產生過度敏感的反應，它就像人體內的汽車防盜系統，在無辜路人經過時響鈴大作一樣。許多研究認為，如果小時候能接觸到越多細菌，長大後免疫系統就越能辨認威脅是真還是假。

每個人小時候一定都聽過五秒鐘原則——食物掉在地上之後，如果在五秒內能趕快撿起來，就還能吃下肚。但這個原則並沒有科學根據，因為在食物接觸地上的瞬間，細菌就能依附在上面。

不過，衛生假說的支持者認為，家長應該讓孩子發揮愛玩泥土的天性，也認為小朋友應該在泥巴裡玩耍。家長不必阻止小孩四處打滾玩樂，在合理範圍內的玩耍場所沒有潛在汙染物即可，也就是說，以上這些原則並不適用公廁、農場，或有可能接觸到任何排泄物的地方。

一九七〇年代時，我們在奧勒岡（Oregon）協助產婦居家自然產，不禁注意到許多人在靠近新生兒的時候，都會盡可能保持乾淨無菌。除了近親，任何人都不准靠近呱呱墜地的新生兒。即使是居家生產，孩子也生下來一段時間，家人通常還是會穿著白色手術袍、戴醫用口罩，甚至戴著橡膠手套，就是為了不讓新生兒接觸到任何病菌。

儘管以上做法很常見，許多後來漸漸出現的移民家庭卻是一大例外：孩子一出生，家人會高興地唱歌跳舞，讓嬰兒在所有親戚、朋友等一大群人的懷裡傳來傳去。老實說，一開始我們對這種行為不太苟同，但我們很快發現比起輪流被大家抱在懷裡、暴露在細菌中的嬰兒，那些被細心呵護、「一塵不染」的嬰兒反而比較常罹患過敏和感冒。我們從來沒有實際進行臨床實驗證實這件事，但這的確是我們的切身觀察。

現今有許多支持接觸泥土和細菌有益的有力證據。一項二〇一六年刊載於《新英格蘭醫學期刊》（*The New England Journal of Medicine*）的研究，發現雖然哈特派和阿米希都是美國境內離群索居的務農族群，基因血統和生活習慣也十分相近，但和成長過程少與動物接觸的哈特派兒童相比，從小就常和農場動物互動的阿米希兒童，患有過敏和氣喘的比率比較低。

前人研究也發現，農場生活和氣喘發生率降低之間的關聯。另外也有研究指出，偶爾把手放在嘴裡的兒童，比較不會有過敏症狀。紐西蘭的研究人員以一千名受試者為研究對象，從他們出生的一九七〇年代開始，一路追蹤到滿三十八歲。研究人員發現和手不常碰觸嘴巴的人相比，小時候常吸手指、咬指甲的人，罹患常見過敏症的機率比較低。即使研究人員調整干擾因子後，這項關聯仍然成立。

如果要讓自己在生活中多「吃土」，添加更多種有益微生物的話，狗狗會是你的得力助手。曾經看過家裡的狗，一身濕答答加上咚～咚～咚跑過客廳的人都知道，有毛小孩的家庭似乎能塑造出「農莊一般」的生活環境。

這是因為狗會將四肢踩進土裡、全身在泥巴裡打滾、嗅聞排泄物，還會做出許多可愛又噁心的事，因此會把細菌帶進家門。有狗在家裡蹦蹦跳跳，能增加高達五十六種不同的細菌，相比之下，養貓只能增加大約二十四種。貓天生就比較愛乾淨，乍看之下是個優點，但在我們這一章可就不是了。

傑克・紀伯特和羅布・奈特（Jack Gilbert and Rob Knight）在《髒養》（*Dirt Is Good*）一書中寫到：「從小和狗一起長大的兒童，罹患氣喘的機率會降低百分之十三。這點其實不容小覷，因為多數氣喘治療專業的免疫學家，都認為狗是導致氣喘的原因，或至少會促成惡化。同理，從小在農場長大的兒童，罹患氣喘的機率會降低百分之五十，兩者背後道理都非常類似。」

紀伯特和奈特又補充：「科學家開始爬梳衛生假說的論點之後，發現兒童罹患過敏或氣喘的機率，和住家方圓一英里（約一・六公里）內的動植物物種數有密切關聯。地方生物的多樣性，似乎有助調節孩子的免疫機能。」

除了養寵物，衛生假說支持者也推廣從事園藝來提升微生物多樣性，另一個方法是不要過度打掃住家。這意思不是指應該把家裡弄得一團亂或灰塵滿天飛，但住家也不應該像醫院的無菌手術室一樣。此外，必要時才使用漂白劑，並盡量用手洗碗。用熱水加手洗碗盤，沒辦法像洗碗機一樣殺死這麼多細菌，雖然聽起來很髒，但其實是好事。因為研究指出，比起只用洗碗機洗碗，用手洗碗盤的家庭比較沒有過敏和氣喘的問題。

沾染一點塵土不只對小朋友好，對大人也好。我們過份盡全力維持環境一塵不染的同時，卻也使得自己在心理、生理、情緒上變得比較不圓融、僵化封閉，也比較不健康。就連在飲食上，過度講究乾淨也不一定好。

雖然透過嚴謹的衛生措施，來抑制有害病菌滋生很重要，但是母乳、生牛奶和生起司這類「生的」物質，有維持人體正常腸道微生物菌叢的天然功效，對於促進免疫系統健康也有其必要。

天然肥皂和清水——歷久不衰的清潔用品

談到洗手，老話一句，最好還是發揮常理判斷。有時候洗手是必要，有時候卻是一種多餘行為。雖然還沒有研究告訴我們在哪裡和什麼時候洗手最好，但可以參考史丹佛大學的兩位微生物學家，賈斯汀・桑內堡（Sonnenburg Justin）和艾瑞卡・桑內堡（Sonnenburg Erica）在《美好腸道》（*The Good Gut*）一書中，分享了自己如何運用常理來判斷孩子何時該洗手。

書中提到：「如果孩子之前在庭院裡玩、剛摸過家裡的狗，或是玩過花草，我們通常不會要他們先洗手才能吃飯。不過，如果是從百貨公司、醫院、開放接觸的動物園，或是從其他可能有人類或牲畜病原體的地方回來，就一定要洗手。此外，感冒或流感好發季節我們也會增加洗手次數，或可能接觸到化學殘留物（例如殺蟲劑）時，也會多洗手。」

洗手當然有助預防感冒和其他疾病擴散，但多數人其實不需要使用消毒液、抗菌洗手凝膠或濕紙巾。**酒精濕紙巾雖然好一點，卻會造成皮膚乾燥，過度使用肥皂和洗髮乳，也有一樣的問題。**

有時候，我們為了保持衛生所使用的產品，反倒可能造成健康問題。用來避免體臭、流汗，讓我們看起來更得體的產品，可能充滿對人體有潛在危害的成份。例如洗髮乳、牙膏、漱口水、除臭劑以及止汗劑，甚至看似無害的肥皂也可能對健康造成威脅。

二〇一六年九月，美國食品藥物管理局（U.S. Food and Drug Administration）宣佈，**部分市售肥皂含有的三氯沙（triclosan）及三氯卡班（triclocarban）等化學物質，經動物研究證實有害，**因此禁止販售。當時約四成市售肥皂都含有三氯沙和三氯卡班。三氯卡班主要用於塊狀肥皂，三氯沙則是多種洗手液的成份。

這些化學成份經證實可能損害動物的生殖系統和代謝機能之後，公共衛生專家便不斷提出警告，而經過多年遊說，終於促成了食品藥物管理局這項決定。許多人擔心，這些成份不只對動物，對人類可能也有類似危害，而美國疾病管制中心在四分之三的美國人尿液中發現它們的蹤影，可見其應用範圍之廣，而這也可能增加細菌對抗生素的抗藥性。

然而，不出所料，並非所有人都肯定食品藥物管理局這個決定。美國清潔協會便反對這項規定，並發佈聲明稿，表示：「食品藥物管理局已經握有可證明抗菌肥皂安全且有效的相關資料。廠商也努力提供更多科學證據與研究，期能補足食品藥物管理局指出的研究缺口。」

到目前為止，食品藥物管理局並沒有改變立場，而三氯沙和三氯卡班雖然已經從肥皂的成份清單上剔除，卻仍獲准用於多種日常用品的生產，包含牙膏、漱口水、除臭劑、洗衣精、衣物、玩具，甚至是嬰兒奶嘴。

引發大眾疑慮的抗菌化學成份還不只這些，所以在使用清潔用品時，記得閱讀包裝上的標示，盡可能了解產品所含的成份。一般來說，**老派但成份天然的肥皂和清水，就有很好的清潔效果了。**

在探討人體接觸塵土與細菌的研究領域上，科學家持續提出讓人眼睛為之一亮的發現。舉例來說，有個研究是探討被蠕蟲（編按：一種寄生蟲）感染，是否有助調節免疫系統，進而能用於治療類似自體免疫疾病的症狀，例如發炎性腸道疾病、多發性硬化症、氣喘以及異位性體質等。

英國倫敦大學衛生與熱帶醫學院（Hygiene and Tropical Medicine），在一篇二〇一五年的研究報告中指出：「動物研究提供了非常可觀的證據，顯示蠕蟲感染有很強的免疫調節活性，而且能夠抑制、改變和修正發生中的其他免疫反應。」也表示：「使用人類蠕蟲療法的初步結果非常樂觀，但許多問題仍有待進一步研究。」

如果寄生蟲療法讓你忍不住做嘔，接下來這種治療你可能也無法接受：糞便移植（fecal transplant）。健康的大腸充滿好菌，但有時候好菌會因為飲食不健康，或過度使用抗生素而死亡。使部分壞菌，例如困難梭菌（clostridium difficile）可能在大腸中過度增生，引起困難梭菌結腸炎。這種讓病患身心耗弱的疾病不僅有致命的可能，在美國的感染案例也節節攀升。

糞便移植，或文雅人士所稱的「細菌療法」，仍歸類於實驗性治療，過程是從捐贈者健康、富含細菌的大腸取得糞便，傳染病檢測確定沒有問題之後，經由大腸鏡將糞便植入結腸炎患者的大腸。提供這種治療的約翰斯・霍普金斯醫院（The Johns Hopkins Hospital）表示，這種療法對於困難梭菌結腸炎的治癒率超過百分之九十，而且至今沒有發現任何嚴重副作用。

另外也有初步研究成果顯示，這種治療對於其他自體免疫疾病也有效，包含大腸激躁症、克隆氏症以及潰瘍性結腸炎。

說到糞便，其實上完廁所用衛生紙擦拭，並沒有比用坐浴桶（bidet）衛生或有益健康。沖洗臀部和下體用的坐浴桶，是多數西方國家偏好的清潔方式，所以有機會使用的話請多加把握。已故的知名泌尿科暨順勢醫學教授，弗朗西斯科・誒斯亞伽博士（Dr. Francisco Eizayaga）是我們的好朋友兼同事，他飛來美國教書時總會說：「我總是想念三件事：我親愛的老婆、我可愛的孩子，還有我的坐浴桶……只是現在順序顛倒而已。」

先不談寄生蟲、坐浴桶和糞便了，這一章的重點是在適合情況下，若能善用常理做好預防措施，暴露在有細菌環境中其實對健康不壞。**許多細菌確實對人體有害，但消滅所有細菌可能危害更大**，所以別愛乾淨過了頭。

練習慢慢放下對乾淨無菌的執著，也許可以從森林健行開始，試著赤腳走在草地上，或到附近公園野餐散心，順便帶一些生牛奶或起司當點心。總歸一句，別怕髒，讓雙手沾滿泥巴吧！

重點整理

- 當我們生怕有一點細菌、過度講求乾淨，我們殺死的不只是壞菌，很多好菌也一起犧牲了。反倒會影響健康，讓我們更容易罹患過敏和自體免疫疾病。
- 過份盡全力維持環境一塵不染的同時，也使得自己在心理、生理、情緒上變得比較不圓融、僵化封閉，也比較不健康。
- 洗手當然有助預防感冒和其他疾病擴散，但多數人其實不需要使用消毒液、抗菌洗手凝膠或濕紙巾。
- 部份市售肥皂含有的三氯沙及三氯卡班等化學物質，經動物研究證實有害。

第17章

萬病之首是壓力，天天一大笑抗癌

快樂是人生的意義與目的所在，也是人活在世上的最終目標。

——亞里斯多德

快樂不只讓人滿足、使生活增添趣味，也有益健康。我們的心理狀態對整體健康有深遠的影響，如何精準地活出快樂人生，以現代科技來書仍然是個謎團。但享受與家人、朋友的時光，還有把時間留給生命中真正重要的事，往往都是快樂方程式的要素。

快樂是最有效的良藥

紐約市記者諾曼．卡森斯（Norman Cousins）經確診罹患了讓人難熬的結締組織疾病時，他一笑置之……是真的用大笑對抗病魔。當時是一九六〇年代，醫生告訴他康復機率是五百分之一後，他開始服用大量的維生素C，也不去工作了，反而開始每天看搞笑喜劇。他後來寫到：「我發現捧腹開懷大笑十分鐘具有麻醉效果，能讓我至少安穩無痛地睡兩個小時，太讓人開心了。」並補充：「大笑的止痛效果褪去時，我會繼續看電影，又能再次體驗零疼痛的舒適，而且屢試不爽。」

卡森斯表示自己設計的大笑治病法讓他抗癌成功。他一直活到了一九九〇年，比醫生原先的預測多活了幾十年。

快樂不是奢侈品，也不應該因為生活忙碌而被犧牲。快樂是我們生而為人的原因之

一，它讓人生值得一活，也是所有壞習慣的根源和目的。

卡森斯的故事告訴我們，快樂本身是一種獎勵，不過有時候，快樂能在出乎意料的地方助我們一臂之力，也的確是最有效的良藥。不管他人如何質疑，正向思考對健康有重大影響，這是經得起考驗的真理。

哈佛大學心理學家艾倫・蘭格（Ellen Langer）以研究心理對健康的影響知名。一九八〇年代，她招募了八位七十幾歲的男性，請他們住在美國新罕布夏州的一間公寓。這間公寓被改造成時間膠囊，裡面播放的所有音樂、電影、電視節目、書籍和雜誌全都來自一九五〇年代，正是這些受試者年輕氣盛的美好歲月。公寓裡沒有鏡子，所有人都被要求努力做回二十年前的自己，研究人員鼓勵他們這麼做，能讓他們感覺變年輕了。研究結果讓人十分驚艷，受試者在靈活度、敏捷度、姿勢和視力方面都有進步。

這不是蘭格的研究第一次有如此驚人的發現，之前她就發現，護理之家中早期記憶力衰退現象的年長者，如果在記憶測試時獲得誘因獎勵，表現就會比較好。另一個經典研究中，她把植物盆栽分發給護理之家的兩組老年人。其中一組必須親自照顧植物，另一組的植物則由工作人員代為照顧。一年半之後，研究人員分析依然建在的老年人數，發現親自照顧植物那一組的人數，是由工作人員照顧組別的兩倍。

近期，蘭格和學生艾麗亞・克拉穆（Alia Crum）研究了八十四名在飯店工作，表示自己運動量不足的客房女性清潔員。研究人員告訴實驗組：打掃房間時實際獲得的運動量，和醫生一般建議的差不多，甚至可能超過。對照組並沒有獲得這項新資訊，不知道自己的工作其實消耗了不少熱量。改變心態後，實驗組的女性清潔員，比對照組減掉了更多體重。

二〇一〇年，蘭格共同主持了一項在髮廊進行的研究，研究人員在女性消費者剪髮或染髮前後，分別測量她們的血壓。受試者表示做完造型後，感覺自己看起來更年輕，測出的血壓值也比較低。

《紐約時報雜誌》在二〇一四年刊登了一篇關於蘭格的文章，撰文者布魯斯・葛里森（Bruce Grierson）提到精神科醫師傑佛瑞・雷迪格（Jeffrey Rediger）對蘭格的評價：「她是哈佛科學家中少數真正了解到，健康和疾病來自我們的大腦、心靈，還有我們的生活體驗，其中的關聯是今日醫學才剛開始摸索的。」蘭格的研究探討了人類對於周遭世界的感知，以及專注於眼前事物的需要。換言之，就是專注在當下的必要。

目前仍有研究持續探討正向思考如何促進健康，不過其反面為，負面思考也能夠重創一個人，這是很明顯的事實。極度悲痛甚至可能釀成「心碎」死亡，雖然聽起來像

是憑空捏造的事，但悲痛確實能致人於死。美國心臟協會表示：「即使你很健康，心碎症候群（broken heart syndrome）還是有可能發生。」（編按：又名壓力性心肌病變〔stress cardiomyopathy〕或章魚壺心肌症〔takotsubo cardiomyopathy〕）可能導致心碎症候群的情緒衝擊，包含至親過世、醫生宣佈噩耗、在賭場輸錢、失業、婚姻破裂等各種壞消息，以及各種生理上的衝擊，例如意外事故、大型手術，甚至吸食毒品等。

美國女星黛比・雷諾（Debbie Reynolds）於二〇一六年去世，她在前一天才收到一樣知名的女兒嘉莉・費雪（Carrie Fisher）身亡的噩耗。母女過世僅僅相隔一天，有些人便推測雷諾是心碎而死。雖然實際上雷諾是死於中風，但她的兒子表示，傷心過度也造成很大的影響。

良好的互動是快樂源頭

雖然我們還無法了解身心連結的全貌，而且有時候相關的深入研究，也會被保健養身產業和狡黠的行銷話術操弄，但是我們所想和所感之間的確存在關聯。這也讓接下來的問題呼之欲出：如何讓自己快樂？

如果我們有明確的答案，就不會只是寫這本書而已了，但我們能告訴你，許多針對快樂的研究都得出類似的結論：我們以為會讓自己快樂的事——中樂透、大幅度調薪升遷——通常沒有我們想像中的讓人開心。單靠美食、做想做的事，都無法換得長久的快樂，即便我們在這本書裡談到許多飲食和生活習慣上的美好事物，但都無法保障永遠快樂。**快樂的源頭其實是和我們一起做這些事的人，還有我們對他人的關懷付出。**不得不承認，家人和朋友有時雖然讓人抓狂，但他們也是讓人滿足幸福的關鍵。

一篇發表於二〇一七年美國心理學會（American Psychological Association）的研究指出，寂寞感和社交孤立，對公共衛生造成的威脅比肥胖還大。研究也顯示，緊密的社交關係，有助降低百分之五十的死亡風險，另外，孤立和孤獨這種社會流行病造成的影響不斷擴大。

美國楊百翰大學（Brigham Young University）的心理學教授茱莉安・浩特・朗斯泰德（Julianne Holt-Lunstad）博士的研究表示：「一般認為與他人互動、建立連結是生而為人的基本需求，對於身心健康和生存都非常重要。極端案例顯示，獲得基本照護，但缺乏與人接觸的嬰兒無法存活，最終通常會死亡。社交孤立或單獨監禁，的確也曾作為一種處罰。但是今天越來越多美國人卻常有被孤立的感受。」

根據美國樂齡會（Joyful Age Association，AARP）二〇一〇年的「寂寞感研究」，美國四十五歲以上的人口中，約有四千兩百六十萬人長期感到寂寞難耐。不只如此，情況還越來越不樂觀：美國最新的人口普查數據顯示，大於四分之一的獨居人口中，超過半數未婚，而結婚率與每戶子女數都較前期下降。

從一九三〇年代開展的「哈佛成人發展研究」，是針對健康成年男性、研究範圍極其廣泛的縱貫研究。二〇〇九年，《大西洋雜誌》（*The Atlantic*）訪問該研究主持最久

的喬治・華倫特（George Vaillant），問他最重要的發現是什麼。華倫特回答：「人生唯一重要的是你的人際關係。」

所以，不妨打通電話給你的母親、女兒、兄弟姊妹或祖父母，或去探望他們，一起散散步。也可以和你最要好的毛小孩朋友一起去健行，欣賞那美得讓人屏息的地平線，放鬆雙眼、沉澱心靈，盡情享受大自然的此時此刻。另外，不妨擔任志工、多運動、參加心靈成長團體或報名各類課程，多認識一些住在附近的朋友。或者，最好的做法就是給他人一個擁抱。一天一個抱抱真的能讓醫生遠離你。

二〇一五年，卡內基梅隆大學的研究人員，針對四百零四位健康成人進行研究，他們想要了解社會支持和擁抱，是否會影響一個人接觸病毒後得到感冒的機率。研究發現，獲得越多支持和擁抱的人比較不會得到感冒；即使真的感冒了，他們的感冒症狀也可能比較輕微。

如果是透過科技、智慧型手機、網路或社群媒體進行的社交互動呢？這些交流就更為複雜了。

在一項一九九八年的研究中，卡內基梅隆大學的研究人員羅伯特・克勞特（Robert E. Kraut）發現，受試者使用網路的時間越長，憂鬱症就越惡化。當時網路方興未艾，

人人在網路上和世界各地、不認識的人溝通交流，這是克勞特所謂的「弱連結」。但近年在一篇科學雜誌《鸚鵡螺》（*Nautilus*）的文章中寫到：「克勞特的近期研究發現，現今多數人在網路上，大多是和已經建立強連結的人聊天。在這種狀況下，他認為研究結果非常明確：網路互動交流能降低憂鬱和寂寞感，並增加感受到的社會支持。」

不過，如果你曾和朋友或家人一起吃飯，結果發現他們老是在滑手機的話，就能了解科技對於培養真正的人際關係，其實是一把雙面刃。除了剝奪現實生活中和旁人面對面互動的時間，**科技也可能從我們身上偷走一個重要的快樂元素，也是現代社會中越來越稀少的一種小確幸：閒暇時間。**

在一篇二〇一六年的報告中，一款應用程式追蹤了超過九十位智慧型手機使用者的使用習慣。研究人員發現每個人在手機螢幕上輕點、滑動和點選的平均次數，每天高達兩千六百一十七次。雖然有時是為了工作回覆信件、重要簡訊，甚至是點開不重要但看看無妨的有趣動態或消息，使用智慧型手機也可能會讓人上癮。

就像這本書其他章節談到的，關鍵在於適度。電腦、手機和科技多數時候都非常好用，在寫這本書時，我們不只寫電子郵件、傳簡訊，也即時透過數位文件共同編輯。這是科技讓生活更便利的其中一個例子，但我們一定會確保是我們在使用科技，而不是反

過來被科技主宰。

手機也可能導致錯失恐懼症（Fear of Missing Out，簡稱FOMO），讓人開始用毫無實質效益的瑣事塞滿自己的生活，希望能比得上別人擁有的一切，或至少比得上他人在網路上塑造出來的人生勝利組形象。

但生命中所有重要的人事物——朋友、家人、美食、休閒娛樂、新鮮空氣、乾淨的水等等，很少因為科技而有大幅改善。到最後，如何好好生活，又如何和身邊的人以及大自然共處，才是最重要的。

即使是看起來對自己有幫助的事情，例如上學和上班，也可能不知不覺偷走了時間。

以諷刺時事見長的媒體《洋蔥報》（*The Onion*）曾有這麼一則新聞標題：保健專家建議站著工作，離開辦公室，永遠別回來。這項虛構的研究表示：「我們發現受試者只要起身、走出辦公室大門，然後再也不回到工作崗位上，進行一次之後，身心健康都有顯著改善。我們鼓勵所有美國同胞就試這麼一次：漫步穿過辦公室順便活動雙腿，把所有代辦事項拋在腦後，然後感受一下自己有多開心。大家通常會幾乎一秒就變得更有效率、更有動力，簡直是滿面春風。」

你可能會覺得這篇文章純屬玩笑性質，但其實事實差不多就是這樣。

美國人的退休年齡延後，老年人的健康狀況越來越差。根據二〇一七年十月《波士頓環球報》（*The Boston Globe*）的報導，最新資料顯示：美國人的健康每況愈下，數百萬名中年上班族未來的退休人生，可能比父母輩還短，也更不充實。

上學或工作對我們雖然有明顯好處，但有時也可能有礙健康。每天在沒有窗戶的辦公室或教室，一動也不動坐整整八小時，對健康並不好。而長時間閱讀、盯著電子螢幕，對眼睛造成的傷害也絕非好事。人生中大半時間都待在室內，加上久坐的生活型態，可能會減損我們的心理、生理和情緒健康。

盡情享受快樂，適度降低壓力

這一章並不是告訴你必須在喪失至親的時候強忍悲傷，或者避免任何壓力，才能獲得零瑕疵的完滿人生。幸福和本書所提到的所有主題一樣，適度淺嚐對我們才是最好。偶爾感到悲傷、生氣沒有關係，但如果我們的防禦機制運作良好、生命力充沛，就不應該陷入悲傷、焦慮、恐懼或憤怒的無限循環。

覺得悲傷或憤怒時，請允許自己感受當下的情緒。換言之，不用因為開心不起來而太過擔心，此時此刻沒有樂開懷也不代表人生就是黑白的。雖然許多研究都指出快樂和正向情緒與健康的關聯，英國一項針對一百萬名以上中年女性的大型研究，卻顯示在十年研究期間，較不快樂的女性的死亡風險並沒有上升。

好玩、有趣的事之所以值得鼓勵，在於即便對我們的健康沒幫助，但就因為好玩、

有趣，所以一定能讓我們心情好，就像本書中談到的許多美好壞習慣。我們建議每天選擇一樣享受，並好好感受當下的快樂、專注其中，然後把這份美好和周遭的人分享。

簡單來說，就是去追求甜美的生活。瑞林・達古斯提諾・莫特那（Raeleen D'Agostino Mautner）所寫的《活出甜美生活》一書，就讚揚了甜美生活的許多重要元素，其中包含在歡樂、暖心、正向、開放的氛圍中，和朋友與家人一起烹煮健康美味的料理，最後一同大快朵頤。

總而言之，要降低壓力，但別完全逃避壓力。好好體會美國知名詩人亨利・沃茲沃思・朗費羅（Henry Wadsworth Longfellow）的字句：

> 我們命定的終點和方向，不是縱情享受、不是哀傷惆悵；而是起身行動，讓自己的每一個明天都比今天好。

日後忘了這本書的所有內容都沒關係，記得下面這句話就好：別擔心，要開心。

重點整理

- 快樂不是奢侈品，也不應該因為生活忙碌而被犧牲。它讓人生值得一活，也是所有壞習慣的根源和目的。
- 快樂的源頭其實是和我們一起生活的家人和朋友，還有我們對他人的關懷付出。
- 手機可能導致錯失恐懼症，讓人開始用毫無實質效益的瑣事塞滿自己的生活。
- 上學或工作對我們雖然有明顯好處，但有時也可能有礙健康。每天在沒有窗戶的辦公室或教室，一動也不動坐整整八小時，對健康並不好。

後記
跟著我們做，同時享受生活與維持健康！

二〇一七年八月，世界上最長壽的人瑞伊斯雷爾．克里斯塔爾（Israel Kristal）去世，他只差一個月就能歡慶一百一十四歲大壽。

克里斯塔爾是猶太裔波蘭人，在納粹大屠殺後倖存，並於二〇一六年獲得金氏世界紀錄宣佈為全球最長壽的人。他滿十三歲時正值第一次世界大戰，因而無法舉行猶太成年禮慶祝。一百年後，他終於在一百一十三歲那年，為自己舉行遲來的成年禮。

記者請他分享維持健康長壽的秘訣時，他其實有些不情願，說道：「有很多人比我更聰明、更強壯、更好看，但他們都不在世了。我們現在該做的就是繼續全力以赴，重建失去的一切。」

我們能了解他的不情願。生於一九〇三年的克里斯塔爾，看盡了多少世人和國家的價值觀更迭變化。他經歷了兩次世界大戰，見證人類首度登月球、使用原子能、一窺次

原子粒子的奧秘、完成人類基因體定序，以及提出時間和空間的理論。

他出生時，人們吃的是未經加工的原型食物、嬰兒都喝母乳，人們攝取脂肪和喝啤酒更是家常便飯，但後來一切都改變了。不過，現在社會潮流的鐘擺，似乎又逐漸往回擺盪，追求回到昔日的生活方式。

我們曾在書中提到，健康知識和科學不斷更新變化。今天深信不疑的理論，未來可能會被全盤推翻。這本書對於許多壞習慣之於健康的討論，都是奠基於前人文獻和我們的自身經驗，目的在於寓教於樂，也希望能激發更多思考與研究。

享受生活和維持健康不必是兩個互斥的人生目標，讓人開心又健康的飲食和生活型態往往指的是同一件事。過去大眾對於那些有點邪惡但美好的壞習慣，認知和今天已然不同，未來很可能也會再改變。

因此沉浸在之中的時候，記得運用常理判斷，也記得不論是好消息或壞消息，都別被最新的聳動新聞標題牽著鼻子走。別忘了隨時和關心的人，還有這一路上相識的人，分享一切樂趣。

其實，醫學主要仰賴現代科學和不斷假設論證，而我們最有信心的假設是，在適度、合理的前提下，做自己喜歡、讓自己快樂的事，對健康的好處會比大家預期的還要

多更多。不過這也是我們的假設而已。

在世上活了一百一十三年之後，克里斯塔爾語帶謙卑地，告訴金氏世界紀錄官方人員：「我不知道長壽的秘密。我相信一切都是老天注定，我們永遠也無法參透背後原因。」

謝辭──哈里．奧夫剛醫師

感謝我的父母，埃塞爾和「內爸」內森，即便我住在大西洋的另一端，遠在四千多公里之外，他們仍每天陪伴我。

感謝爺爺和奶奶，給了我最棒的父母，也給了我最溫暖、美好的童年。他們在紐約布魯克林區的家，一手把我們帶大，教我體會盡情享受人生的快樂。

感謝叔叔福克西和阿姨比莉，帶我了解許多有益健康（和有礙健康）的壞習慣。

感謝哥哥鮑伯送我一台福特水星敞篷車——我人生中的第一輛車。還給了我人生中第一個棒球手套，還有第一隻狗「老弟」。

感謝我的四個孩子，其中兩個順利在家自然產，他們出生的那一刻，我都在他們的眼裡看到神的榮光。

感謝歐索和宏多，你們是人類最好、也是我最好的朋友。

最重要的，感謝我的妻子派蒂，你是我生命中的終極美好壞習慣。

謝辭──艾瑞克·奧夫剛

感謝柯琳和我的家人，沒有他們，享受壞習慣一點樂趣都沒有。

NOTE

NOTE

國家圖書館出版品預行編目（CIP）資料

啤酒、性愛、搖滾樂：美國醫學博士教你 17 個有益身心的壞習慣／哈里・奧夫剛醫師（Dr. Harry Ofgang）、艾瑞克・奧夫剛（Erik Ofgang）作；謝孟庭譯
-- 新北市：大樂文化，2020.8
256面；14.8×21 公分. --（優渥叢書）（UH；5）

譯自：The good vices : from beer to sex, the surprising truth about what's actually good for you

ISBN 978-957-8710-83-2（平裝）

1. 健康飲食 2. 營養 3. 健康法

411.3 109008936

UH 005

啤酒、性愛、搖滾樂

美國醫學博士教你 17 個有益身心的壞習慣

作　　者／哈里・奧夫剛醫師（Dr. Harry Ofgang）、艾瑞克・奧夫剛（Erik Ofgang）
譯　　者／謝孟庭
封面設計／蕭壽佳
內頁排版／思　思
責任編輯／林育如
主　　編／皮海屏
發行專員／王薇捷、呂妍蓁
會計經理／陳碧蘭
發行經理／高世權、呂和儒
總編輯、總經理／蔡連壽

出 版 者／大樂文化有限公司
地址：新北市板橋區文化路一段 268 號 18 樓之1
電話：（02）2258-3656
傳真：（02）2258-3660
詢問購書相關資訊請洽：2258-3656
郵政劃撥帳號／50211045　戶名／大樂文化有限公司

香港發行／豐達出版發行有限公司
地址：香港柴灣永泰道 70 號柴灣工業城 2 期 1805 室
電話：852-2172 6513　傳真：852-2172 4355

法律顧問／第一國際法律事務所余淑杏律師
印　　刷／韋懋實業有限公司

出版日期／2020 年 8 月 3 日
定　　價／320 元（缺頁或損毀的書，請寄回更換）
I S B N　978-957-8710-83-2